Zwei absolute Equilibristen
Ein Drahtseilakt über den Harz

Richard Ljungman gewidmet.

Zwei absolute Equilibristen

Ein Drahtseilakt über den Harz
von Björn Buxbaum-Conradi

nebst vier equilibristischen Kunststücken
von Eugen Ovčar
in deutscher und russischer Sprache

Bibliografische Information der Deutschen Nationalbibliothek:
Die Deutsche Nationalbibliothek verzeichnet diese Publikation in
der Deutschen Nationalbibliografie; detaillierte bibliografische
Daten sind im Internet über http://dnb.d-nb.de abrufbar.

Zweite überarbeitete Auflage, Juni 2015

Herstellung und Verlag:

BoD - Books on Demand, Norderstedt

ISBN: 978-3-8370-0772-5

Über die Autoren

Björn Buxbaum-Conradi, geboren 1981 in Kassel, hatte schon immer ein Auge für das richtige Maß. Der Equilibrist in ihm erkennt sofort, wenn die Brille schief sitzt oder ein Argument abzurutschen droht. Doch eigentlich wäre Björn gerne ein schräger Typ.

Eugen Ovčar wurde 1983 in Kurgan, Russland, geboren. Am liebsten wäre er ein Sammler des menschlichen Lächelns geworden. Dazu hatte er leider kein Talent. Stattdessen schlug er die Laufbahn eines Mediziners ein. Sollte er nochmal ein Buch schreiben, würde dieses von einer Weltraumreise handeln.

Zwei absolute Equilibristen
Ein Drahtseilakt über den Harz

Sie werden es gewollt haben müssen.
Harzer Weisheit

I

Die Stadt Frankfurt, berühmt durch ihre Würste und Wolkenkratzer, hatten wir schnell hinter uns gelassen; vor uns lagen fünf Tage, die wir fern ab der Großstadt zu verbringen gedachten. Es war Juli, das Sommersemester lief noch und ich lief ihm davon, einem tiefen Bedürfnis nachgebend, das sich unmerklich, wie der Farbwechsel einer reifenden Tomate, in meinem Zentralnervensystem ausgebreitet hatte. Unser Fluchtpunkt war der Harz, ihn zu durchqueren unser Ziel – den Spuren eines Dichters folgend, der im Herbst des Jahres 1824 eben jene Reise auf sich genommen hatte. Seine markigen Abschiedsworte, gerichtet an die Mitglieder der ungeliebten Juristischen Fakultät der *Georgia Augusta,* klingen auch heute noch wunderhaft lebendig.

> Lebet wohl, ihr glatten Säle,
> Glatte Herren! Glatte Frauen!
> Auf die Berge will ich steigen,
> Lachend auf Euch niederschauen.

Der Juristenstand hat seine Rechthaberei *qua definitione* beibehalten, indessen hat sich in der übrigen Welt einiges geändert: Das für die Gefühlswelt zuständige Organ ist heute das Gehirn, respektive das limbische *System*. Dort entscheidet sich, ob eingehende Informationen in Angstschweiß oder Jauchzen gebettet werden, während das von den Dichtern so lang gerühmte Herz zur bloßen Pumpe mutierte.

Die Mutter jenes Wandels, den manche Fortschritt nennen, heißt bekanntlich *scientia,* die exakte, die höchste aller Erkenntnisformen. Zugegeben, liebe Wissenschaft, so mancher Einfaltspinsel, der kein Haar übrig hat für Zahlenschönheit und logische Strenge, streicht in breiten Lettern *Giftgas*, *Eugenik* und *Tschernobyl* dir auf die Stirn, nicht wissend, dass erst der berüchtigte Wille zur Macht dich in jenen Geist verwandelte, der Giftgas und Kampfflieger aufsteigen ließ. Ich werde letzteres dir nicht anlasten, noch Fragen an dich stellen, werd' bloß von deinen Wundertaten sprechen, möchte doch dein Herz nicht brechen.

Liebe Scientia, du bist mit deinem mikroskopischen Auge bis in das letzte Molekül vorgedrungen, blickst mit dem makroskopischen Auge Raumzeit durchdringend an den Anfang des Universums zurück, mit dem endoskopischen gar in jede Zotte des Darms. Du hast mehr unterschiedliche Medikamente, als es Krankheiten gibt, hervorgebracht, machst es uns möglich, Informationen mit halber Lichtgeschwindigkeit um den Globus zu schicken, unser eigenes Erbgut zu erfassen und Sprengköpfe zu bauen, um diktatorische Köpfe zu sprengen. Dank dir können wir zum Mond fliegen, zum Spaß fliegen, zum

Spaß Fliegen züchten, Hunde züchten, Menschen züchten und in naher Zukunft vermutlich menschliche Organe züchten. Nur das Aroma frischer Pistazien können deine Ökotrophologen scheinbar noch nicht angemessen synthetisieren – und da wäre noch das klitzekleine Problem, das sich *Mortalität* nennt und *Gevatter Tod* gerufen wird. Liebe Wissenschaft, dank dir glauben wir heute, dass die Welt alles ist, was der Fall ist. Der Fall sind interagierende Teilchen – nicht mehr, nicht weniger. Mit dem unvorhandenen Rest hat sich seit jeher deine schlafende Urgroßmutter beschäftigt. *Philosophia* ist ein bisschen launischer, als du es bist, hält sich für alles zuständig und für nichts geeignet. Vielleicht mag das daran liegen, dass sie schon sehr alt ist und du sie seit mehr als hundert Jahren nur noch als Pflegefall betrachtest. Bei guter Laune glaubt *philosophia*, in der besten aller möglichen Welten zu leben, während sie an schlechten Tagen befürchtet, dass genau das wahr sein könnte. Grundsätzlich meint sie jedoch, sicher zu wissen, dass nicht mit Sicherheit gesagt werden könne, was genau gut und was genau schlecht ist.

Angesichts des schlechten Wetters glaubte ich in jenem Moment bloß in der regenreichsten aller möglichen Welten zu leben. Aus dem Fenster des Zugabteils blickte ich in einen eisgrauen Himmel. In der Ferne zogen die Ausläufer des Taunus schwerfällig den Horizont entlang, im Nahbereich durchzuckten blitzendes Gleisbett und wogendes Gebäum stakkatohaft das Sehfeld, dazwischen Fußballfelder, Maisfelder, Kindergärten, Baumschulen, Schrebergärten, Faultürme, Kirchtürme, Autobahnen,

Bahn- und Bauernhöfe, Menschen, klein wie Ameisen und Ameisen, klein wie Menschen, wenn man sie vom Mond aus betrachtet. Meine Gedanken drehten sich indes im Kreise wie ein rostiges Karussell, kaum hatte ich eine Runde gedreht, kam ich wieder an derselben Stelle vorbei, nur um erneut festzustellen, dass manche Fragen nicht zu lösen sind. Philosophieren ist wie Karussell fahren auf hohem Niveau, dachte ich, mit dem Unterschied, dass einem bei letzterem nur schlecht wird, während zwanghaftes Nachdenken quälender als jede Übelkeit sein kann und in schweren Fällen mit Mutlosigkeit und Sinnentleertheit einhergeht.

Auf der Höhe von Gießen nahm eine ältere Dame neben mir Platz. Die Siebzig mochte sie schon überschritten haben. Sie begann ein einseitiges Gespräch mit mir zu führen, in welchem ich erfuhr, dass sie sich nach einem Besuch ihrer Tochter, die in Heidelberg lebe und einen recht tüchtigen Sohn habe, der mittlerweile die Universität besuche und erfolgreich Jura studiere, auf der Rückfahrt nach Marburg befinde, der Stadt, in der sie den größten Teil ihres Lebens verbracht habe, welches vor allem während der Kriegsjahre hart und bedrückend gewesen sei, aber trotz kräftezehrender Arbeit in einer Rüstungsfabrik und des frühen Todes ihres Mannes habe sie sich nicht klein kriegen lassen und den Mut nie verloren, denn, und diesen Satz sprach sie bedachtvoll aus, was einen nicht umbringe, mache einen nur härter.

Froh darüber, halbverdaute Weisheiten loswerden zu können, entgegnete ich ihr, dass, wenn ihre Lebensregel stimme, ein alter Mensch äußerst hart werden könne, so hart, dass ihn nichts mehr erschüttern oder gar zu Fall bringen könnte. Woraufhin mich die alte Dame ungläubig anschaute und fragte, was ich ihr damit um Gottes Willen sagen wolle.

Es gehe in der Tat um Gottes nichtvorhandenen Willen, sagte ich ihr lächelnd, denn welchen Willen sollte ein unsterbliches Wesen schon haben? Sie sagte, sie wisse, was mein Problem sei. Ich mache mir zu viele unnötige Gedanken. Glücklich werde man auf diese Weise nicht. Und darum gehe es ja letztendlich im Leben – glücklich zu werden. Vielleicht hatte sie Recht.

Ob wir wandern gehen wollten, fragte sie mich, als wir in Marburg hielten. Ich bejahte, half ihr beim Aussteigen und hievte ihren Koffer aufs Gleis, was sie mir mit einem warmen Händedruck und Glückwünschen für unsere Reise dankte. Nachdem ich in Gedanken die Frage, ob es genuin altruistische Handlungen geben könne, mit *nein* beantwortet hatte, lehnte ich mich zurück in den Sitz des Intercitys und studierte ein Heftchen mit dem Titel *Unnützes Wissen, 200 skurrile Fakten, die du nie mehr vergisst.* Wussten Sie etwa, dass die Niederschlagsmenge in deutschen Romanen doppelt so hoch ist wie in der Realität? Achten Sie einmal darauf.

Wir näherten uns Kassel, der Stadt, in der ich einundzwanzig Jahre meines Lebens verbracht hatte. Der Zug begann bereits abzubremsen und ich konnte in der Ferne die Hänge der Dönche aufleuchten sehen, jenes Stück Natur, das direkt an das Viertel, in dem ich aufgewachsen bin, angrenzt, und das uns in der Kindheit Raum für Abenteuerphantasien geboten hatte. Im Sommer waren wir durch das sonnengebrannte Gras, das uns bis zur Brust reichte, gestreift. Wir wohnten in selbstgebauten Baum- und Erdhöhlen, stauten die zahlreichen Bäche, bewaffneten uns mit Pfeil und Bogen, aßen wilde Brombeeren, fingen ab und zu einen Fisch und träumten von der zehnjährigen H., die die Hübscheste in unserer Klasse gewesen ist, mittlerweile aber zwei Kinder groß zieht und eine Drogenkarriere hinter sich hat. Im Winter fuhren wir mit unseren Schlitten die Hänge hinunter, überschlugen uns, krachten durch das Eis zugefrorener Tümpel, rieben uns die Gesichter im nassen Schnee, der auch damals nur ein paar Wochen im Jahr den Boden bedeckte, erkälteten uns, und träumten mit fiebrigen Augen von H.'s zarter Haut.

Während wir durch Göttingen fuhren, konnte ich hinter ein paar Bäumen das Wasser der Leine blitzen sehen, die ein Rheinländer nie als Fluss anerkennen würde. Der Leine selbst ist das gleichgültig, sie fließt auch als Bach mit Wohlwollen durch das Städtchen mit dem berühmten Pfannkuchenhaus. Allein das Pfannkuchenhaus wird irgendwann vom König der Bourgeoisie, dem Sternenbock oder dem rothaarigen Clown gefressen werden, während sich die Leine, ihrem Namen zum Trotz, vermutlich nicht an franchisegebende Unternehmen binden wird. Mit stoischer Gelassenheit mäandert sie schon seit tausenden von Jahren die norddeutsche Tiefebene hinab und wird es sicher auch weiterhin tun. Selbst wenn der Mensch an ihren ausgelassenen Ufern zwischenzeitlich ein paar Begradigungen vorgenommen haben sollte, ihr macht das nichts aus. Sie ist weder menschenfreundlich noch feindlich, sie ist menschengleichgültig – und doch lässt sie einen Menschen nur einmal in ihren Wassern baden, denn nichts ist beständiger als ihr Fließen.

Wenn nichts von Dauer, nichts von Bestand, ein Menschenleben nur ein Augenzwinkern angesichts der Ewigkeit ist, dann wird man das bedauern dürfen. Aber sollte man zugleich das Schlupfloch aus der Vergänglichkeit in der besonderen Beschaffenheit einer Seele suchen dürfen? Viele Menschen wählen diesen Weg, nicht darüber reflektierend, dass nur kostbar ist, was auch verloren werden kann. Die Vorstellung vom Leben nach dem Tod ist eine äußert stabile anthropologische Konstante. Es scheint als werde es immer Menschen geben, die behaupten, mit dem Tod sei nicht alles vorbei. Womit sie teilweise nicht unrecht haben: Das Bewusstsein ist futsch, aber die Materie *lebt* weiter: Ordnung wird aufgelöst, um in einer neuen Ordnung wieder aufgehen zu können. Wussten Sie, dass jeder lebende Mensch durchschnittlich 13 Atome, die einstmals dem Körper des großen Julius Cäsar [176 cm] angehörten, in sich tragen soll? [Unnützes Wissen!] Jesus Christus wurde bekanntlich nicht verbrannt, seine Atome haben sich daher wahrscheinlich nicht global verteilen können, noch hat er Nachkommen gezeugt. Seine Ideen haben sich gleichwohl verbreitet. Ein, wie ich meine, äußerst beeindruckendes Zeugnis jener Macht, die sich *Kultur*, *Tradition* oder *Bildung* nennt und der wir genauso gnadenlos ausgeliefert sind wie der so häufig beschworenen Macht der Gene. Wäre ich nicht in Mitteleuropa, sondern am Hindukusch aufgewachsen, wer weiß, ob ich mich bei entsprechender Erziehung nicht den Taliban angeschlossen hätte.

Der Fahrkartenkontrolleur riss mich aus meinen Gedanken. Die Weinflasche war schon fast leer und der Zug kurz vor Northeim, wo es ein vorletztes Mal umzusteigen galt. Ich blickte wieder aus dem Fenster. Dicke Regentropfen schmierten die Scheibe entlang. Scheinbar war uns der Wettergott nicht günstig gesonnen. Hatte ich vielleicht zu viel über die mögliche Unmöglichkeit eines Leib-Seele-Dualismus nachgedacht? Lieber Gott, so meinte ich das nicht. Puste bitte die Wolken weg, wir brauchen doch gutes Wetter! Und schick noch ein paar hübsche Frauen in den Harz! Dann werden wir brav an dich glauben, du alte Hippe!

In Osterode angekommen, suchten wir den einzigen Supermarkt auf und kauften in Nahrungsmitteln gespeicherte Bindungsenergie, um unsere Ordnung aufrechterhalten zu können. – Und eine Flasche Wodka, um derselben im Notfall entgegenwirken zu können.

Es begann schon zu dämmern und der Ort war in einen tiefen Dunst gehüllt. Die Söse rauschte schwarz zwischen den verwinkelten Fachwerkhäusern hindurch, auf den Straßen war kein Mensch mehr anzutreffen. Feinste Regentröpfchen benetzten die Haut, das Haar, die Brille. Der Harz musste vor uns liegen, zu sehen war nur ein dunkel wogendes Band.

Auf einer kleinen Anhöhe ragte aus dem Nebel das Fragment eines Turmes empor. Einstmals war er Teil einer mächtigen Burg gewesen, erbaut, um die hoch in den Harz führenden Handelswege absichern zu können. Heu-

te wacht der Turm nur noch über die Toten von Oster-
de, die in seinem Schatten begraben liegen. Wir passierten den Friedhof und fragten uns, wo wir wohl in der
Nacht schlafen würden. Glücklicherweise trafen wir bald
darauf einen Einheimischen, der uns von einer Schutz-
hütte erzählte, die nur wenige Kilometer entfernt im
Wald liegen müsse. Anhand unserer Wanderkarte versuchten wir uns zu orientieren, doch die Linien und
Symbole schienen der Topographie Osterodes zu wider-
sprechen. Neben einem Autohaus, stießen wir auf eine
weiße Stele, auf die in vertikalen Lettern das Wort "To-
desmarsch" gemeißelt war. Ein netter Versuch uns abzu-
schrecken, dachte ich und ging gedankenlos weiter. Im
Nachhinein lese ich, dass auf dieser Straße kurz vor Ende
des Krieges tausende KZ-Häftlinge auf qualvolle Weise
den Tod fanden – verhungert, verdurstet, erschossen, bei
lebendigem Leibe verbrannt, von Krankheiten dahinge-
rafft. – Wie der alte Burgfried, wirft die Geschichte einen
dunklen Schatten auf das verträumte Osterode.

Bald kamen wir in einen Vorort, der sich *Freiheit* nannte.
Während des Dritten Reiches sollen sich in Freiheit ein
Lager für Zwangsarbeiter, genannt "Altes Russenlager I"
sowie ein Außenkommando des KZ-Buchenwald befun-
den haben. Freiheit? Schöne Freiheit. Es hätten damals
die Ortseingangsschilder mit den Ortsausgangsschildern
vertauscht werden müssen.

Jener Dichter, den seine Reise im Jahr von Woyzecks Hinrichtung durch Osterode führte, hatte einmal geschrieben: "Dort wo man Bücher verbrennt, verbrennt man am Ende auch Menschen." Das Buch, in dem der prophetische Satz zu lesen ist, gehörte, wen wundert's, zu den zu Verbrennenden. Einzig das Lied von der Loreley entfernten die Nazis nicht aus den Lyrik-Anthologien, zu populär war jenes "Märchen aus alten Zeiten". Indes darunter stand geschrieben "unbekannter Autor". Ein Pessimist lebt bekanntlich von der Genugtuung einer eintreffenden Voraussage; die seinige wurde nach hundertfünfzehn Jahren zu entsetzlicher Wirklichkeit, doch dieses Eintreffen hätte ihm, dem deutschen Dichter jüdischer Herkunft, zugleich das Leben kosten können, besser für ihn, dass er selbst nicht mehr erleben musste, was er einst hatte mahnend vorausgesagt.

Wir ließen Freiheit hinter uns und tauchten ein in den dampfenden Nadelwald. Eine einzelne Tanne ragte am Horizont in den grauen Himmel, um sie herum nur Stümpfe und morsches Geäst. Sie allein hatte den Kräften Kyrills getrotzt, all ihre Nachbarn waren den Windböen nicht gewachsen gewesen und an ihnen zerbrochen. Sehnsüchtig wie ein alter Greis, der ahnt, dass die nächste Totenfeier die eigene ist, blickte der kahle Baum auf den Weg hinab. Wir flüchteten immer tiefer in den dunkelgrünen Dunst hinein, einen Schritt vor den anderen machend, den Geruch von Schweiß und fauligem Gehölz in der Nase, dem eigenen Atmen lauschend. Zu denken war nur an belanglose Dinge. Befindlichkeiten, Körperzustände, Neurosen und Metaneurosen. Weil eine Darstellung dieser Gedanken den Leser zweifelsohne langweilen würde, möchte ich die Gunst der Stunde nutzen, um meinen Begleiter vorzustellen: Eugens Heimat liegt östlich des Urals. *Ein Russe?* Ja. *Dann trinkt er bestimmt jede Menge Wodka.* Ab und zu. *Und hat eine tiefe Stimme.* Na ja. *Und kann mit der bloßen Hand ein Feld durchpflügen.* Bitte? Sie sehen schon, Stereotypen helfen einem bei der Beschreibung einer Person nur bedingt weiter. Eugens Hände sind eher von der feingliedrigen Sorte. Diese braucht er auch, denn er ist ein angehender Chirurg, ein hoffnungsloser Optimist. Noch so ein Stereotyp, aber in diesem Falle trifft es zu. Wenn man ein guter Chirurg sein möchte, muss man optimistisch denken, sonst braucht man das Messer gar nicht erst zu zücken. Gut einen Optimisten neben sich zu haben. Ying und Yang auf dem Weg in den Harz.

Es tröpfelte leicht und zu sehen war nur der helle Kies auf dem unsere Wanderschuhe knirschten. Die Bäume waren zu einer dunkelzähen Masse zusammengeschmolzen. Eugen glaubte noch sicher daran, auf die Hütte zu treffen, von der uns der Osteroder erzählt hatte. Ich hingegen hatte mich schon darauf eingestellt, in ein nasses Zelt zu kriechen und am nächsten Morgen erkältet aufzuwachen. Doch irgendwann erhob sich vor unseren Augen tatsächlich eine Hütte aus dem kühlen Nebel. Es war eine stolze, spitz aufragende Holzkonstruktion, eine Art gezimmertes Zelt, die der Harzklub 1886 dort für erschöpfte Wanderer aufgestellt hatte. Im Inneren befand sich eine Feuerstelle mit darüber hängendem Schwenkgrill, an der Wand lagerte fachgerecht das Brennholz. Das Glück schien uns in diesem Moment hold zu sein. Frohen Mutes machten wir uns daran, das Feuer in Gang zu bringen. Als das erst einmal brannte, konnten wir unsere mitgebrachten Würstchen braten, Eugens Spieße mit gepfefferten Champignons versehen und ein paar gesunde Schlucke aus der Wodkaflasche nehmen. Eingeschlafen bin ich gut, der Boden der Hütte war hart und uneben, aber warm war mein Herz und heiß die knisternde Glut.

II

Als ich am nächsten Tag aufwachte, fror ich wie ein nasser Hund. Es regnete immer noch in Bächen, der Wald stand im tiefen Nebel und außer der Kälte gab es nichts, was mich motivierte, aus dem Schlafsack zu kriechen.[1]

Wir frühstückten trockenes Brot mit türkischer Putensalami, desinfizierten unsere Mundhöhlen mit einem Schluck Wodka – Eugen legt sehr viel Wert auf Zahnpflege – zogen unsere Regenjacken über und gingen los. Ich begann zu singen, weniger, weil mir nach singen zu Mute war, eher, weil es galt, den Rausch der Gedankenkaskaden zu übertönen.

"Allons enfants de la Patrie, Le jour de gloire est arrivé!" Ich kann mir gut vorstellen, dass unser Wahlfranzose damals auch die *Marseillaise* geträllert hat. Der Einzug Napoleons in Düsseldorf beeindruckte den jungen Harry, jedenfalls schwer, so schwer, dass er viele Jahre später das Buch *Le Grand*, mit Lobliedern auf seine kaiserliche Hoheit, geschrieben hat. Damals konnte er noch nicht ahnen, dass ihn ein ähnliches Schicksal, wie das des Kaisers, erwarten würde: Fern der Heimat ans Bett gefesselt, Jahre dahinsiechend. Die Muskelkraft und auch das Augenlicht hatte er in seiner Pariser Matratzengruft nahezu verloren, doch den Humor verlor er nie.

---

[1] Es empfiehlt sich, hierzu die Beschreibungen meines Begleiters, insbes. das *equilibristische Kunststück I* zu lesen.

Unser Grab erwärmt der Ruhm.
Thorenworte! Narrenthum!
Eine beßre Wärme gibt
Eine Kuhmagd, die verliebt
Uns mit dicken Lippen küsst
und beträchtlich riecht nach Mist.

Jetzt fiel mir auch wieder ein, was bisher auf unserer Wanderung fehlte: Die Begegnung mit einem hübschen Mädchen, das am Fenster stehend Glockenblümchen wässert. Nein, jenes wunderschöne Lockenköpfchen hatte sich noch nicht blicken lassen.

Ach Heinrich, du Freund der Melancholie, hättest du auch die durchnässte Joggerin besungen, die uns auf der Höhe von Lerbach entgegenkam und für die nächsten paar Stunden das einzige menschliche Geschöpf, das wir zu Gesicht bekommen sollten, sein würde? Zugegeben, das Wetter war wunderbar. Es regnete die sprichwörtlichen Bindfäden und weit und breit gab es nur tropfendes Grün und grünes Tropfen. Irgendwann stand am Wegesrand ein Holzkasten, aufgestellt vom Harzklub 1886, darin ein Buch, in das sich gestandene Wandersleute eintragen durften. Ein Eintrag vom Vortag lautete wie folgt: "Zwei Tage Regen, einen Tag trocken, auf einigen Wegen Brennnesseln auf anderen die Rechtschreibreform. Muss das sein?" "Ja es muss sein", schrieb ich dahinter. "Die Dinge hätten nicht anders sein können. Zumindest nicht dann, wenn wir annehmen, in einem deterministischen Universum zu leben", sagte ich mit bester Philosophenmiene. "Und selbst wenn es irgendwo auf der Quantenebene echte Zufallsprozesse geben sollte, ändert das nichts an der kausalen Determiniertheit des menschlichen Willens. Hätten wir uns in einem identischen Hirn- und Außenweltzustand jemals anders entscheiden können? Ich vermute nicht. Falls doch, muss irgendwo in unserem Schädel ein unbewegter Beweger versteckt sein, der dem allmächtigen Gott mächtig ins Handwerk pfuscht." Eugen lächelte und sagte: "Du kannst mich mal."

Wir stiegen immer höher in die vernebelte Wildnis. Allein die Tatsache, dass der Weg, auf dem wir liefen, so breit wie eine Landstraße war, machte uns ein bisschen nachdenklich: Andere Zeiten andere Wege, von Brennnesseln keine Spur!

Die modrigen Äste am Wegesrand können manchmal die Gestalt von erstarten Wesen annehmen. Eugen glaubte einmal einen Vogel mit langem Hals und spitzem Schnabel zu sehen; wir kamen näher und der Vogel verwandelte sich wieder in einen Ast. Wie gerne hätte auch ich die verzauberten Pflanzen und Steine, das Herzklopfen der Berge und das träumerische Gemurmel der Quellen wahrgenommen. Mein Gehirn schien sich der dichterischen Verformungsarbeit zu verschließen. Steine blieben Steine, Quellen rauschten, und klopfen hörte ich nur mein Herz. Meine Gedanken konnten sich nicht von der Körperlichkeit allen Empfindens, der Vorstellung der Erklärbarkeit aller Erscheinungen und der naturgesetzlichen Determination aller Dinge lösen. Es ist *weißgott* nicht leicht, in einer entzauberten Welt, in der selbst das Reich der Gedanken keine Geheimnisse mehr zu bergen scheint, eine poetische Wahrnehmung zu entwickeln. Und die Bäume flüsterten mir zu: "Nicht *wie* der Harz ist, ist das Mystische, sondern *daß* er ist."

Als wir den Bärenbrucher- und den Ziegenberger Teich passierten, öffnete sich die Wolkendecke für ein paar Minuten und ließ die Wassertropfen, die aufgrund der wirkenden Adhäsionskräfte auf Blättern und Spinnennetzen hafteten, im Sonnenlicht blitzen. Wir naschten von den taufrischen Himbeeren, die rechts und links vom Wegesrand zu finden waren und lauschten dem Dampfen der Natur, die dort von Menschenhand so schön zu Seen aufgestaut worden war. Die Gegend um Clausthal-Zellerfeld wurde jahrhundertelang vom Bergbau geprägt, die meisten Bäche wurden begradigt, das Wasser gestaut und bei Bedarf in dunkle Tiefen geleitet, um dort riesige Maschinen anzutreiben, die den Harz aushöhlten wie einen Schweizer Käse; oder es wurde genutzt, um sich selbst aus dem Berg zu pumpen. Wasser hebt man am besten mit Wasser, wie eine alte Harzer Weisheit besagt. Zudem mussten die Bergleute mit jenem Bier versorgt werden, für das Clausthal noch heute in der ganzen Welt berühmt ist. Das Clausthaler Wasser fließt auch heute noch mit rostig roter Farbe den Harz hinab, das Bier hingegen, das zur Verwunderung der Clausthaler Trinker heutzutage ohne Alkohol auskommen soll, wird von der Binding-Brauerei in Frankfurt am Main verbrochen.

Irgendwo zwischen Clausthal und Altenau erblickten wir einen toten Maulwurf, der auf dem Weg gemütlich vor sich hin faulte. Erstaunlich groß erschienen mir die rosigen Grabschaufeln, die der Wurf von sich gestreckt hatte.

Ein toter Maulwurf kann sich kein Grab schaufeln, sagte ich zu Eugen, und wusste, dass ich damit wieder eine der Harzer Weisheiten ausgesprochen hatte. In Altenau stärkten wir uns mit einem Pils und einem Bauernfrühstück, das hier im Harz auf jeder Speisekarte zu finden ist. Auf der Landkarte habe ich *Bauernfrühstück* noch nicht entdeckt; dafür den Ort Sorge an der B 242, von dem aus es nach Elend nur einige Kilometer sind. In Sorge musste man schon immer Grenzgänger sein. *Sorge* leitet sich von *Zarge*, dem mittelhochdeutschen Wort für *Grenze* ab. Seit dem 16. Jh. verliefen bei Sorge die Grenzen verschiedener Herrschaftsbereiche. Nach dem Wiener Kongress waren es die Grenzen zwischen dem Königreich Preußen und dem Herzogtum Braunschweig. Ab 1945 lag Sorge an der deutsch-deutschen Grenze und weil man leider einige hundert Meter zu weit östlich lag, hatte man bald noch mehr Sorgen. Warum Elend *Elend* heißt? Wikipedieren sie's doch einfach!

Dank jener populären Internetseite lässt sich eine Harzreise heute auch bequem von zu Hause aus schreiben. Aber Eugen und ich waren wirklich dort. Ich kann behaupten Altenau mit eigenen Augen gesehen zu haben, jene Stadt, die eine Rodelbahn und eine Kegelbahn, aber keine Eisenbahn mehr aufweisen kann: Der letzte Zug verließ 1977 den Ort, heute dient der Bahndamm als Langlaufloipe und die 337 Jahre alte Holzkirche als touristisches Fotomotiv. "Ach Altenau, Hauptsache du hast einen Supermarkt! Damit unterscheidest du dich schon von so manch anderem Harzkaff!" Wir erneuerten unseren Vorrat an Brot, Wurst und Wein, und setzten unseren Weg fort, in dem Willen noch heute den Fuß des Brockens zu erreichen. Die tief stehende Sonne kam zum Vorschein und begleitete uns beim Aufstieg nach Torfhaus, das ungefähr zehn Kilometer von Altenau entfernt liegt. Je höher wir stiegen, desto schmaler wurden die Wege, Felsformationen taten sich vor unseren Augen auf, überall plätscherte es und tief unter uns rauschte das rote Wasser des Dammgrabens. In Torfhaus gab es eine Jugendherberge, die wir erschöpft betraten, hoffend dort eine warme Mahlzeit und ein weiches Bett zu bekommen. Nachdem wir die Preise für eine Übernachtung in Erfahrung gebracht hatten und zudem feststellen mussten, dass außer einer Gruppe heranwachsender Schüler niemand die Herberge zu bewohnen schien, entschieden wir uns dafür, in unserem Zelt zu nächtigen. Hinter der nächsten Kuppe erblickten wir zum ersten Mal den mächtigen Brocken, der mit seiner Krone aus Sendemasten und Abhörstationen, wie ein König auf uns herabschaute. Wir bogen in den Goetheweg ein, der rechts und links von Schullandheimen und Wintersportvereinsheimen gesäumt wurde. Von hier soll Goethe am 10. Dezember 1777 in Begleitung des Torhaus-Försters Degen zu einer Wanderung auf den Brocken aufgebrochen sein. Uns begrüßte in Torfhaus kein Förster und kein Goethe. Das war auch gut so, denn in deutschen Nationalparks ist Zelten unzweifelhaft verboten. Hinter Torfhaus breitet sich ein großes baumloses Torfmoor aus, das seit 1713 von den Harzern systematisch abgebaut wurde, heute allerdings unter Naturschutz steht und nur noch von den Blicken tausender Touristen ausgebeutet wird, die auf der

Wanderautobahn Richtung Brocken alles in sich aufsaugen, was Goethe erhaben gefunden haben könnte. Die weite Ebene des Moors lag im letzten Licht des Tages vor uns und ließ unsere Blicke schweifen. Ich sagte zu Eugen, dass es hier aussehe, wie in Sibirien. Eugen nickte und sagte: "Absolut."

In Mooren ist der Untergrund angenehm weich und lässt einen Schlafen wie auf einem Wasserbett. Dennoch wollten wir das Wagnis nicht eingehen, machten an der Grenze zum Morast halt und schlugen unser Zelt in unmittelbarer Nähe des Wanderweges auf. Eigentlich waren wir viel zu müde, um noch ein Feuer zu entfachen, aber die Stechmücken, die hier zu Tausenden um unsere Köpfe schwirrten und ihre Rüssel in uns bohrten, um die für die Fortpflanzung so wichtige Blutmahlzeit einzunehmen, ließen uns keine andere Wahl. Das Holz, das wir zusammen trugen, war feucht und roch nach modrigem Erdboden. Den Qualm konnte man wahrscheinlich bis zum Brocken riechen. Immerhin schreckte es die Mücken ab.

Wir legten uns auf unsere Isomatten und aßen aufs Neue von der türkischen Putensalami, was mich dazu bewog eine weitere Harzer Weisheit auszusprechen: "In der Not frisst der Teufel Torf." Dann leerten wir die aus Altenau mitgebrachte Weinflasche. Das Feuer flackerte auf unseren Gesichtern, ab und zu musste ich furchtbar Husten, weil der Qualm mir in die Nase stieg, und ständig musste Eugen Pusten, damit das Feuer nicht ausgeht. Irgendwann machte ich ihn mit meiner langjährigen Grillerfahrung vertraut: "Wedeln ist effektiver als Pusten – und es kann einem davon nicht übel werden." Es stellte sich heraus, dass sich mein Aluminiumteller zum Sauerstofffächern hervorragend eignete. "Wenn doch alles im Leben so einfach wäre", sagte Eugen. "Dann wäre das Leben noch trostloser als es ohnehin schon die meiste Zeit ist!", ergänzte ich. Bei der heutigen Schilderdichte im Harz ist es ja selbst ohne Wanderkarte nahezu unmöglich, sich zu verlaufen.[2] Wie gerne hätte ich die Orientierung verloren, wie gerne hätte ich mich verlaufen, wie gerne hätte ich echte Angst verspürt und nicht nur die vor meinen inneren Zwängen und mir selbst.

---

[2] Oder vielleicht doch nicht? Lesen Sie, was Eugen dazu schreibt: *Equilibristisches Kunststück II.*

III

Die Nacht war traumlos und kalt, nebelig und still der Morgen. Wir brachen in aller Frühe auf, um gegen Mittag auf dem Brocken zu sein. Das Moor hatten wir schnell hinter uns gelassen und wir drangen wieder in den Wald ein, der dort von rostigbraunen Bächen durchzogen wurde. Im Nachhinein erklärt mir das erwähnte Universallexikon, dass es aus dem Moor gelöste Huminstoffe sind, die zur Trübung des Harzer Wassers führen. Und ich hatte mir ausgemalt, dass eiserne Wesen ihre schweißgebadeten Körper nach harter Arbeit im Berg in den Bächen reinigen und für die blutige Färbung sorgen.

Die schweigenden Tannen wurden umso kürzer, je höher wir stiegen, die Luft spürbar kälter. "Absolut", sagte Eugen bestätigend. Auf der Stirn perlte indessen der Schweiß und fühlbar wärmer wurde die Brust. Die Riemen des Rucksacks schmerzten angenehm auf den verspannten Schultern; zu schleppen hatten wir nicht wenig. Schritt für Schritt ging es dem Brocken-Gipfel entgegen, dem Berg Mephistos, von dem aus der Westen jahrzehntelang abgehört wurde, militärisches Sperrgebiet, das keine Zivilpersonen, zu denen man auch die Hexen zählen muss, betreten durften. Irgendwann nahm ich ein dumpfes Stampfen wahr; doch nicht etwa das Herzklopfen der Berge, von dem ich solange geträumt hatte? Oder war es etwa das klopfende Herz Mephistos, der, wie erzählt wird, mit Mühe Atem holen muss, wenn er seinen Lieblingsberg ersteigt?

Dem Klopfen folgte ein schrilles Pfeifen und die Ernüchterung. Die Harzer Schmalspurbahn hatte ich ganz vergessen. Obwohl ich als Kind schon einmal in einem ihrer alten Wagons den Brocken erklommen hatte. Damals kurz nach der Wende, als der Geruch von Braunkohle jeden Harzer Ort erfüllte und die Trabanten noch über die Straßen rollten, hatten meine Eltern mit mir und meinen Geschwistern einen Tagesausflug in den Harz unternommen. Von Schierke aus ging es mit der Dampflok spiralförmig den Berg hinauf, hinunter ging es im Zickzack zu Fuß, und ich weiß, dass ich damals schon nichts für Hexen und Zauberei übrig hatte. Zauberhaft erschien mir nur, dass die Leute viel Geld ausgaben, um auf 1141 Metern im Nebel herumzutappen. Bei gutem

Wetter ist die Aussicht vom Brocken in der Tat grandios. Meistens ist der Kopf des Riesen jedoch in zähe Schwaden eingehüllt und mit einer Jahresdurchschnittstemperatur von 2.9 Grad eher ein Denker von kühlerem Gemüt. Das Haar des Riesen ist spärlich, es besteht aus kurzen Heidesträuchern sowie aus einzelnen, verkrüppelten Fichten und wird von jeder Menge Geröll durchschuppt. Zwei Tage lang waren uns auf den Wanderwegen keine Menschen begegnet, aber je näher wir dem Gipfel kamen, desto mehr menschliche Individuen kamen uns entgegen. Sonntagswanderer, Familienväter, Kinderwagenschiebende Mütter, Optimisten ohne Regenjacken und Flip-Flop-Beschuhte, die man zur Untergruppe der Nicht-Regenjacken-Träger zählen muss. Das letzte Stück liefen wir auf einer asphaltierten Straße, die so breit war, dass man den Entgegenkommenden den Wandergruß guten Gewissens verwehren konnte. Die Baumgrenze hatten wir mittlerweile überschritten und uns blies ein feucht-kalter Westwind ins Gesicht. In Gedanken saß ich schon an einem gemütlich gedeckten Tisch, Bratkartoffeln essend, Pils trinkend und die Aussicht genießend. Doch bevor es zur wohlverdienten Rast kommen sollte, mussten wir noch, wie es der Brauch gebietet, einmal um den Brockengipfel herumlaufen. Wir erspähten *Hexenaltar* und *Teufelskanzel* und baten Mephisto mit seinem heißen Atem, die Wolken zur Verdampfung zu bringen. "Die Botschaft hör ich wohl, allein mir fehlt die Kraft dazu", ließ uns Mephisto wissen. Anscheinend hatte der Aufstieg zum Brocken auch ihn müde gemacht. Dem Eintrag eines Göttinger Studenten in das Gipfelbuch konnten wir nur lächelnd zustimmen: "Viele Steine, müde Beine, Aussicht keine."

Wir kehrten in das Lokal des *Brockenwirtes* ein, das so viel Charme wie die Zentralmensa in Frankfurt-Bockenheim besitzt, und beschwerten unser Tablett mit Schnitzel und selbstgezapften Bier. Nein, etwas Ursprüngliches hatte dieser Ort nicht. Waren wir deswegen so weit gereist? Um zu erfahren, dass man auf dem Brockengipfel problemlos mit Karte zahlen kann?
Als ich einen Schluck von meinem Bier nehmen wollte, zappelte darin eine Fliege. Mit meiner Gabel fischte ich

sie aus der goldenen Flüssigkeit und setzte sie auf den
Tisch. Ihre Flügel hatten sich verklebt und ihre gesamte
Lebenskraft schien sich im Alkohol aufgelöst zu haben.
Nur eines der Vorderbeine zuckte einen nervösen Takt.
Ich versuchte sie durch Anpusten und die damit verbun-
dene Trocknung zu reanimieren. Mit Erfolg! Ihre Flie-
genseele, die schon irgendwo unter der Decke geschwebt
haben musste, machte kehrt und verband sich wieder mit
ihrem Körper: Die Zuckungen wurden heftiger und
nahmen Gestalt. Es wurde erkennbar, dass sich *Musca
domestica* putzte: Der wohltuende Reinigungsakt nach
einer durchzechten Nacht!
Der Abschied vom Brocken fiel mir schwer, nicht weil
dieser mich durch seine Schönheit bezaubert hätte, nein,
das zweite Bier hatte mich noch müder gemacht und
zeitweise im Sitzen einschlafen lassen. Wir grüßten den
versteinerten Kopf, den man hinter dem Lokal zur Ab-
schreckung von bösen Geistern aufgestellt hatte, und
gingen eine lange Zeit bergab. Während des Abstiegs
kam die Sonne immer häufiger zwischen der Wolkendecke hindurch und tauchte die Landschaft in sommerli-
ches Licht. Der Duft von Bäumen und Gräsern kitzelte
in meiner Nase und ließ Erinnerungen an meine Pollen-
allergie wach werden. Anscheinend kann sich ein Groß-
stadtneurotiker, wie ich es bin, nicht so schnell von den
urbanisierten, vegetationsarmen Zonen auf den unge-
zähmten Naturraum umstellen. Aber nicht nur Allergien
kommen in der ungewohnten Umgebung zur vollen Blü-
te, gerade jene Zwänge und Ängste, die in den Büros und
Bahnhöfen der Großstadt ihren Ursprung haben, lassen

sich in der fremden Stille nur schwer abschütteln. Die meisten Menschen, die in einer technisierten Welt aufwachsen, ihre Nahrung aus Tiefkühltruhen und Konservenbüchsen beziehen, den größten Teil ihrer Lebenszeit vor Fernsehern, Computern und Büchern verbringen, sind nicht mehr daran gewöhnt, einfach nur einen Schritt vor den anderen machen zu müssen. Im schlimmsten Falle wird das Denkorgan mit sinnlosen Zwangsgedanken überflutet. Das Hirn schreit geradezu nach Unterhaltung, nach Input, nach zu lösenden Problemen. Wenn es diese nicht bekommt, sucht es sich Ersatzprobleme; Kleinigkeiten, die den Träger des Gehirns jedoch zur schieren Verzweiflung bringen können. Dem modernen Menschen fällt es furchtbar schwer allein und nur mit sich selbst zu sein. An nichts denken? Mir war und ist das unmöglich. Ich konnte die mentalen Flüsse, die sich tief in mein Gedächtnis eingegraben hatten, trotz bester Vorsätze nicht zum versiegen bringen. Längere Phasen des Schweigens waren mir unerträglich. Fortwährend löcherte ich Eugen mit unnötigen Fragen, um das Konsumbedürfnis meines konditionierten Zentralnervensystems befriedigen zu können.

Auf unserem Weg nach Königshütte kamen wir nach zwei Stunden strammen Marschierens zu einer Formation von Granitbrocken, die von den Harzer Mystikern *Trudenstein* genannt wurde. Auf welchen Namen könnte man den Felsen heute taufen? Vielleicht auf den des Bürgermeisters von Elend? Immerhin lässt sich vom Trudenstein das ganze Elend und Schierke überblicken, ohne dass man dabei Gefahr laufen würde, in die Tiefe zu fallen, denn der Harzklub hat den Stein für die Touristen gebändigt und Geländer und Stufen für ein bequemes Besteigen anbringen lassen. Nach kurzer Rast auf dem kühlen Granit wanderten wir wankend weiter und erreichten schon bald das Örtchen *Drei Annen*, das aus einem Hotel und einem Bahnhof besteht. Die drei Annen suchten wir vergeblich.

Die Abendstunden sind zum Laufen die schönsten. Der Körper ist herrlich erschöpft, der Schweiß des Mittags getrocknet, der Gedankenfluss wird ruhiger und wenn die tief stehende Sonne wogende Muster auf den Waldboden zeichnet und die Schatten des Wanderers ins Riesenhafte verzerrt werden, kann mitunter ein melancholisches Gefühl von Glück eintreten.

Während ich meinen Schatten betrachtete, fiel mir die Geschichte von Thales von Milet ein, der die Höhen der Pyramiden von Gizeh bestimmte, indem er die Länge ihrer Schatten zu dem Zeitpunkt ausmaß, indem sein eigener Schatten genauso lang war wie er selbst. Mit Thales kam die Mathematik ins Abendland, das mächtigste Instrument, das der Mensch je entdecken sollte. Geboren aus dem Geiste der Musik, rhythmisierend und ordnend, lässt sich mit ihr die Partitur der natürlichen Welt entschlüsseln. Jeder Stein, jeder Grashalm, jeder Ton – alles lässt sich in Zahlen ausdrücken, überall kehren Muster wieder. Freilich, die Mathematik kann nur die bloße Form der Dinge beschreiben, wie sich ein Muster anfühlt, wenn es wahrgenommen wird, der Geschmack eines Apfels, der Ton einer Stimme, der Duft einer Blume, kann mit Zahlen allein nicht ausgedrückt werden. Um

Begriffe mit Inhalten zu füllen, bedarf es immer noch der sinnlichen Anschauung: "Gedanken ohne Inhalt sind leer, Anschauungen ohne Begriffe blind." Dieser kantische Satz sollte jedoch nicht dazu verleiten, die reine Rechenkunst mit Verachtung zu betrachten. Im Gegenteil, die Mathematik ist rein im Geiste betrieben ein großartiges Spiel, ein Spiel, das wohl definierten Regeln folgt, ein intellektueller Zeitvertreib höchsten Ranges, wie das Schachspiel oder das asiatische Go. Als die Menschen jedoch begannen die Mathematik in Technologien zu transformieren, wurden die Spielfiguren zu schlagkräftigen Geschossen, die die Umwelt tiefgreifender veränderten als alles zuvor. Die Mathematik ist ein Instrument, dem es gleichgültig ist, von wem es gespielt wird: Sie ist notwendig für den Bau von Krankenhäusern wie für den Bau von Kasernen, mit ihrer Hilfe lassen sich Liebesbriefe wie Anschlagsplanungen verschlüsseln. Der Umfang einer Medaille kann durch sie beliebig genau berechnet werden, doch sie, die selbst ein Medaille ist, wird ihre zwei Seiten immer behalten. Wohin wird die rasante Technisierung der Welt noch führen? Welche Waffen, welche Kontrollmechanismen, welche künstlichen Welten werden in Zukunft noch entwickelt werden, um die Wünsche der Menschen den Wünschen des errichteten Systems, dem Leviathan anzugleichen, der die Raubtiernatur des Menschen unterdrücken sollte und doch selbst ein Ungeheuer ist? Werden in Zukunft die Schatten des Menschen ins Unermessliche gewachsen sein? Oder Driften wir bereits dem unausweichlichen Ende entgegen, wie ein Strom, der sich dem Wasserfall nähert?

In Königshütte hüpfte ein Bach den Felsen hinunter, erst von Stein zu Stein, dann mit mächtigem Getöse hinab ins Felsenbecken, um kurz inne halten zu können, bevor es zur Vereinigung mit der *kalten Bode* kommt, die sich kurz hinter dem Ort mit der *warmen Bode* küsst, um jenes lauwarme Flüsschen zu bilden, das uns auf unserer Reise bis nach Thale begleiten sollte. Königshütte machte einen angenehm verschlafenen Eindruck auf mich. Weißer Rauch stieg von den roten Dächern gen Himmel und vermischte sich mit dem Abendrot zu einem appetitlichen Fotomotiv. Die Gleise, die wahrscheinlich einstmals von erzbeladenen Güterzügen befahren wurden, hatte sich die Natur zurück erobert. Meinen Magen hingegen hatte der Hunger erobert und ich war froh, dass wir in unmittelbarer Nähe zum Wasser ein Gasthaus entdeckten. Die Frau des Hauses war etwas verwundert, als wir um eine warme Mahlzeit baten: Immerhin habe die Kirchturmglocke schon neun Mal geschlagen, da stelle der Koch üblicherweise das Kochen ein. Für ein Bauernfrühstück, sei es doch nie zu spät, entgegneten wir. Das musste sie einsehen und wenig später dampften die Bratkartoffeln auf unseren Tellern. Nachdem ich zwei Bier getrunken hatte, stellte ich fest, dass ich den ganzen Tag kaum einen Schluck Wasser zu mir genommen hatte, was mich zu der Frage führte, ob Bier allein den Flüssigkeitsbedarf eines Wanderers stillen kann. Ich beschloss ein Experiment unter der ärztlichen Aufsicht von Dr. Eugen durchzuführen und auch den Folgetag nur Gerstensaft zu trinken. Im Moment jedenfalls schien mir mein körperlicher Zustand ideal, weder hatte ich Durst noch fühlte ich sonst irgendwelche Schmerzen, nur meine Brille saß wohl nicht so richtig gerade auf der Nase, das bemerkte der Equilibrist in mir sofort.

Da wir in dieser Nacht erneut Zelten wollten, mussten wir noch ein ganzes Stück weiter laufen. Die Fenster der Königshütter Häuser leuchteten auf uns herab und ich fragte mich, was wohl gerade in den Wohn- und Schlafzimmern der Provinzler passierte. Im Vorbeigehen vernahm ich die Stimme von Claus Kleber: "Staatsanwaltschaft sucht Zeugen im Kernkraftwerk Krümmel." Aha. Auch in Königshütte ist man also an den Nachrichten interessiert. Warum eigentlich, fragte ich mich. Warum sollte einen Menschen aus Königshütte das ganze Leid in Bagdad, Kabul, Gaza interessieren? Jeden Tag sind es dieselben Meldungen: Unfall hier, Anschlag da, Erdbeben dort. Mit der Lebenswirklichkeit im Harz haben diese doch nichts zu tun. Macht es die Menschen etwa glücklicher, zu wissen, dass einige Teile dieser Welt im Chaos versinken? Einige religiöse Fanatiker bestimmt, dachte ich. Vor allem aber sind es die lebensmüden Zeitgenossen, die sich insgeheim eine kleine Naturkatastrophe wünschen. Ich selbst kenne diese Sehnsucht nur zu gut. Das erhabene Gefühl, das sich im ganzen Körper ausbreitet, wenn eine morbide Stimmung in der Luft liegt, wenn Stürme wüten, das Wasser steigt, die Blitze zucken oder die Welt unter Schneemassen versinkt, wenn der gewohnte Gang gestört wird, alles zum erliegen kommt und endlich Stille eintritt.

Liebe Apokalypse, warum lässt du so lange auf dich warten? Von mir aus kannst du kommen! Hier, heute, jetzt!

Ich vermute jedoch, dass den meisten Mitteleuropäern jene Untergangsphantasien befremdlich anmuten. Sie träumen wohl eher von einer Rosamunde-Pilcher-Welt, in der nur alte Menschen von Krankheiten befallen werden, jeder Mann ein Segelboot besitzt, die Frauen einen Hutladen führen und am Ende immer die große Liebe wartet, inklusive Landhaus und Sportwagen selbstverständlich. Doch Skepsis ist geboten. Schon die alten Griechen wussten: Dort wo stets die Sonne lacht, ist meistens Wüste.

Noch vor weniger als hundert Jahren wurden die meisten Erdenbürger, von denen die wenigsten Bürger waren, nicht mit Schreckensmeldungen aus allen Erdteilen überfrachtet. Das hatte auch Vorteile. Wenn man heute die Nachrichten einschaltet, könnte man meinen, die Welt sei ein einziges Irrenhaus, weil die kleineren und größeren Katastrophen der sechs Milliarden Erdlinge auf 27 Minuten herunter komprimiert werden, abzüglich der Lottozahlen, dem Wetter und der Fußballbundesliga, und von jeweils einem einzigen Menschlein konsumiert werden – obwohl, das Wetter und die Bundesliga sind auch hin und wieder für Katastrophen gut. Vielleicht sollte man aus Rücksicht vor dem nervenschwachen Rosamunde-Pilcher-Klientel nur die Lottozahlen zeigen.

Hinter dem letzten Häuschen der Ortschaft wurde es schlagartig zappenduster. Meine Augen mussten sich erst an die Dunkelheit gewöhnen. Dann aber bemerkte ich den klaren Nachthimmel über mir, den man als Stadtmensch so selten zu sehen bekommt. An dem Ufer eines Sees, der von dem dunklen Wasser der Bode gespeist wurde, schlugen wir unser Zelt auf. Eugen legte sich sofort schlafen. Ich setzte mich noch für eine Weile vor das Zelt und blickte zu den Sternen. Informationen vergangener Ereignisse drangen durch meine Netzhaut. So manche Sonne war längst in einer Supernova verglüht oder zu einem Neutronenstern, im Extremfall gar zu einem schwarzen Loch, kollabiert. Erst kürzlich hatte ich gelesen, dass ein Schwarzes Loch mit einem Durchmesser von 1,8 cm so viel Masse besitzen müsste wie die gute alte Erde, auf der wir gerade durchs All schaukelten. Dieser Gedanke brachte mich dazu, mir vorzustellen, wie es sich anfühlen müsste, ein kleines Kügelchen von unglaublichem Gewicht hochzuheben. Es war ein seltsames Gefühl, das sich da in meiner imaginierten Hand ausbreitete. Ein guter Physiker könnte sicherlich ausrechnen, wie schwer ein gegebenes Objekt maximal sein dürfte, um nicht die Handflächen zu durchdringen. In der Nacht träumte ich von Claus Kleber, der im Heute-Journal bekannt gab, dass er in den letzten zwei Wochen ausschließlich Bier getrunken habe. Dann kam er zu den Lottozahlen: "6 5 4 3 2 1 Zusatzzahl" – Weiter kam er nicht, sein Kopf kollabierte zu einem murmelgroßen schwarzem Loch, das mich durch die Mattscheibe des Fernsehers zog.

IV

Am nächsten Morgen standen wir in aller Frühe auf. Die Sonne blinzelte schon durchs Geäst, kein Lufthauch war zu spüren, der See lag unbewegt vor uns, die Oberfläche so glatt, dass Spiegelndes und Gespiegeltes kaum auseinanderzuhalten waren. Ich nutzte die frühe Stunde, um am Ufer ein Gedicht zu schreiben, das meine nächtlichen Gedanken noch einmal zusammenfasste.

Im Land der Träume gibt es keine Leiden,
keine Schmerzen, keinen Zwang.
Seit jeher herrscht an jenem Orte
Ein ruhiger gleicher Zauberklang.

Ein Tönen das bewusst vernommen
Frieden schenkt dem Suchenden
und die Wellen von dem Meer des Geistes
hat mit seiner Kraft genommen.

Wie gern möcht' auch ich verreisen
in das Land an fernem Ort,
in unbewegter See mich winden
und von der tiefen Ruhe speisen,
die es zu kosten gibt nur dort.

Keine Karte lässt sich finden,
finden lässt sich keine Lehre
und selbst das härteste Sich-Schinden
führt sicher nicht an jenen Port.

Blick' ich hier am fernen Ufer
in mein gespiegeltes Gesicht,
sagt es mir mit rauer Stimme:
Dein Land der Träume gibt es nicht!

Doch betrübt musst du nicht sein;
wertlos sind die Freuden ohne Leiden
und werden es auch immer bleiben.
Drum vergiss das werte Land.
Es grüßt dich bestens
dein Verstand.

40

Ich warf einen Stein ins Wasser, in der Hoffnung dieser würde nicht nur das Spiegelbild erzittern lassen. Meine Augen folgten den sich gleichförmig ausbreitenden Wellen. Kann der Verstand nicht mal seine Klappe halten, dachte ich verstandesgemäß und wurde traurig.

Eugen holte mich mit einem gezielten Schlag auf die Schulter wieder zurück in die Realität. Wir mussten weiter, wollten wir unser Tagesziel noch vor Anbruch der Dunkelheit erreichen. Nachdem wir die Staumauer hinter uns gelassen hatten, streiften wir auf einem schmalen, endlich auch mit Brennnesseln bewachsenen Pfad durch einen dichten Laubwald. Knorrige Eichen, die schon seit Jahrhunderten Licht synthetisiert haben mögen, und steil aufragende Buchen säumten unseren Weg. Während wir einen lichteren Abschnitt durchquerten, konnten wir in der Ferne einen nur spärlich bewachsenen Berg aus dem Wald hervorragen sehen. Als wir näher kamen, wurde uns klar, dass es sich bei der Erhebung um den Aushub eines Bergwerkes handeln musste. Der dem Menschen innewohnende Entdeckungstrieb setzte uns in Bewegung. Wir verließen den offiziellen Pfad und schlugen uns durch die dichte Vegetation, die vom Summen unzähliger Fluginsekten und der Angst vor Zeckenbissen erfüllt war. Am Fuß der Halde legten wir unsere Rucksäcke ab. Welcher Ausblick würde uns wohl gleich erwarten? Wir kletterten hastig den steilen Hang aus Schutt hinauf, der immer feiner wurde, je höher wir stiegen und spürten mit jedem Schritt das Pochen des Herzens stärker werden. Ich fühlte eine ungebändigte Kraft durch meinen Adern fließen, eine Kraft, die selbst drahtseildicke Neurosen zum reißen bringen konnte, ein befreiendes Gefühl, wie ich es lange nicht mehr verspürt hatte. Hinter der Kuppe verbarg sich ein hell blühendes Pflanzenmeer, aus dem wenige Birken ragten. Über uns brannte die Mittagssonne vor azurblauem Grund. Wie im Traum streifte ich ziellos über die Ebene, tanzte mit den Schmetterlingen und küsste mit den Fingerspitzen den weißen Kalksteinboden. Auf der Zunge prickelte der trockene Staub, Schweiß perlte die Stirn herab und mein T-Shirt klebte nass an der Brust. Ich schmeckte das Salz des Schweißes auf meiner Haut, spürte jede Sehne meines Körpers, spürte mit jedem Atemzug weitere Kraft in meine Blutbahnen strömen, fühlte wie das gleißende Licht meine Pupillen verengen ließ, erlebte wie meine ganze Innenwelt eins wurde mit dem Außen, mit der Landschaft zusammenschmolz wie ein der Sonne ausgesetzter Käse. Jeden Tropfen Schweiß, den ich verlor, widmete ich den heißen Strahlen von Helios, mit jedem Augenzwinkern versuchte ich Chronos, den Gott der Zeit, zu bestechen, auf dass er diesen Augenblick nicht vorbei gehen lassen möge. Wie ein Mondsüchtiger zog ich weiter über die Ebene. Meine Beine fühlten sich weich wie Knetmasse an. Ich zuckte mit den Ohren und spürte wie mein ganzer Nacken zu kribbeln begann, als hätte sich dort ein ganzer Ameisenstaat eingenistet. Meine Zunge klebte inzwischen wie ein getrockneter Pferdehoden am Gaumen fest. Hatte ich vielleicht einfach zu wenig Flüssigkeit im Körper? Ich richtete meine brennenden Augen in die Ferne: Den hinteren Teil der Halde hatte sich die Natur noch nicht zurück erobert. Er glich nicht nur einer Wüste, er war eine – und die Wasserlachen, die in der Ferne schimmerten, mussten eine Fata Morgana sein. Schnelles Handeln war nun erforderlich. Vielleicht verbargen sich unter der Oberfläche des Wüstenmondes, auf dem wir mit unserem Raumschiff gelandet waren, wertvolle Bodenschätze. Aus Eugens T-Shirt und einem Ast bauten wir mit eine Fahne, um das neu entdeckte Land für das Wohl und die Ehre der russischen Föderation sichern zu können.

Beim Taufakt konnten wir uns nicht sofort einigen. Eugen bestand auf *Putinsluna*, während mir der Name *Rebeccasmond* in den Sinn kam. Eugen versicherte mir jedoch, dass man neu entdecktes Staatsgebiet nicht nach Ex-Freundinnen, sondern nach Diktatoren benennen müsse. Worauf ich ihm entgegnete, dass in dem Falle der von mir vorgeschlagene Name durchaus seine Berechtigung habe. Wir einigten uns schließlich doch auf *Putinsluna*, weil ich einsah, dass man eine ausgetrocknete Ebene unmöglich nach einer Frau benennen könne. Anschließend schickten wir eine Drohne auf Reisen, die die nähere Umgebung erkunden sollte. Wir hatten mit dem schlimmsten zu rechnen. Konnte es hier, Lichtjahre von der Erde entfernt, intelligentes Leben geben? Oder noch schlimmer: Waren uns die Araber eventuell zuvor gekommen? Nach bangen Minuten des Wartens schwirrte die Drohne zurück und übermittelte uns Aufnahmen, die zeigten, dass sich in unmittelbarer Nähe ein Bergwerk befinden musste. Der Beweis war erbracht. Wir sind nicht allein im Universum. Und wir sind nicht die Einzigen, die es ausbeuten. Zudem zeigten die Lichtbilder, dass der wüste Landstrich sich in lebendiges Grün verwandelte, je weiter man sich vom Bergbaugebiet entfernte. Ein wenig erinnerte mich die Landschaft an ein ehemals deutsches, heute arabisches, Mittelgebirge, das ich in meiner Jugend einmal durchquert hatte. Damals war dessen höchste Erhebung, der Brocken, ungefähr 200 Kilometer vom Meer entfernt gewesen, heute kitzelt der Golf von Neu-Arabien seine Füße und auf seinem Haupt steht eine prächtige Moschee. Bad Harzburg, das heute *Islamharzabad* heißt, erfreut sich als Badeort größter Beliebtheit und wird in den letzten Jahren auch von russischen Touristen immer häufiger besucht. Die Frauen allerdings baden nur in voller Montur, um sich vor Feuerquallen, Sonnenbrand und den gierigen Blicken der Männer zu schützen.

Ein heftiges Donnern riss mich aus meinem Traum. Scheinbar wurden im nahe gelegenen Bergwerk Sprengungen durchgeführt, oder standen wir schon unter Beschuss der fremden Mondbewohner? Wie beschlossen nichts zu riskieren und rannten den Weg, den wir gekommen waren, so schnell wir konnten zurück. Eine weiße Rauchwolke wuchs hinter uns in den blauen Himmel. "Solange hier keine Atompilze wachsen, brauchen wir uns keine Sorgen machen", rief mir Eugen zu. Doch auch er verlor angesichts der Explosionen seine stoische Ruhe. Wir schlidderten die Halde hinunter, halb rutschend, halb stürzend und ließen uns in die dampfende Vegetation fallen. Nachdem sich Atmung und Puls ein wenig beruhigt hatten, stellten wir fest, dass wir einen anderen Weg genommen haben mussten, denn von unseren Rucksäcken fehlte jede Spur. Wir durchquerten das dichte Unterholz, um wieder auf den Weg zu kommen und uns besser orientieren zu können. Bald hatten wir ihn gefunden und erkannten, dass unser Einstiegspunkt nicht weit von der aktuellen Position entfernt sein konnte. Kurz darauf entdeckte ich links vom Wegesrand ein Schild, auf dem zu lesen war:
"Lebensgefahr! Betreten des Geländes verboten! Eltern haften für ihre Kinder!" "Gut, dass unsere Eltern für uns haften", sagte ich zu Eugen. "Absolut", war seine Antwort. Unsere Rucksäcke hatten wir schnell wieder gefunden. Das erste wirkliche Abenteuer unserer Reise hatten wir hinter uns gebracht.
Mittlerweile war mein Durst noch stärker geworden. Als wir an einer Quelle vorbei kamen, wäre ich fast schwach

geworden, doch mein Wille, die aufgestellte Hypothese zu bestätigen, war stärker und so benetzte ich mein Haar, trank aber keinen Schluck, in der Hoffnung, dass es zum nächsten Gasthaus nicht mehr weit sei. Ab Rübeland begleitete uns die Bode wieder auf unserem Weg nach Osten, der uns als nächstes in die kleine Ortschaft Neuwerk führte. In einem rustikalen Lokal direkt am Fluss stillten wir unseren Durst [zwei Bier für mich, eins für Eugen] und speisten wie die Könige. Nach einem Blick auf unsere Karte hatten wir das nächste Etappenziel ausgemacht: Die Talsperre Wendefurth! Gestautes Wasser, Baden erlaubt! Und herrliches Wetter!

Im Schatten der Bäume, die das Ufer der Bode säumten, kamen wir trotz der Hitze gut voran. Der Fluss rauschte in meinen Ohren, gleichmäßig pochte der Puls. Ich wurde ins Tal gezogen, meine Beine liefen von selbst. Wie viel schöner doch der Ostharz ist. Die Wege halb zugewachsen, der Wald im Urzustand und keine Menschenseele unterwegs. Ein Greifvogel zog einsam seine Kreise, Libellen surrten durchs Schilf, Lichtflecken tanzten auf dem Waldboden und über allem lag das beruhigende Gluckern der Bode. Die Welt kam mir in diesen Stunden vor wie ein einziger Rausch, ich erfasste das tiefe Atmen, das allen Dingen inne wohnt, spürte den steten Drang zur Veränderung und das Fließen hin zum Tod. In diesem Moment war ich froh, Teil dieses Kreislaufs zu sein.

Plötzlich deutete Eugen auf den Boden, um eine Schar von Käfern vor meinen Stiefeln zu retten. Ich schaute genauer hin und stellte fest, dass die vermeintlichen Käfer

eigentlich winzige Kröten waren. Ich setzte ein fingerna-
gelgroßes Exemplar auf meine Hand.

"Stell dir vor Eugen, du wärest so ein kleiner Hüpfer."
"Dann müsste ich nicht mehr schreien, alles wäre so
klar", ergänzte Eugen. "Aber eigentlich glaube ich nicht
an eine Wiedergeburt, Quak. Und ich kann mir auch
nicht vorstellen eine Kröte zu sein, Quak. Kröten können
sich auch nicht vorstellen Menschen zu sein, Quak. Krö-
tengedanken bleiben uns immer verschlossen", quakte
Eugen. An die halluzinogene Wirkung des Hautsekrets
der Kröten schien mein russischer Freund gleichwohl zu
glauben. Er schnappte sich ebenfalls eine und begann sie
abzulecken. "Bufotenin. Ist ganz harmlos. Krötenlecken
ist in Russland sehr beliebt. Mehr als übel werden kann
einem davon nicht", sagte Eugen grinsend. Mir wurde

allein vom Anblick übel, trotzdem überwand ich meinen Ekel und gab meiner Kröte ebenfalls einen Zungenkuss. Ich dachte, dass der Mediziner schon wissen werde, was er da macht. Wir setzten die Kröten zurück ins Gras und unseren Weg fort. Außer einem Kratzen im Hals verspürte ich nichts Ungewöhnliches.

Auf einmal bemerkte ich neben Eugen und mir eine weitere Person den Weg entlang schreiten. Ohne Zweifel, es war Heinrich Heine, der uns da begleitete. "Heinrich", sprach ich ihn an, "bist du es wirklich?" "So wirklich, wie man es nur sein kann", antwortete er lächelnd. "Warum bist du hier?", fragte ich ihn.

Warum wir hier sind auf dem Erdenrund?
Nun, das kann ich schwerlich sagen.
Man plagt sich ab, man schminkt sich bunt,
um am End' den Würmern zu behagen.

Doch einen Wunsch, den hab' ich noch,
ihr könnt' ihn mir erfüllen.
Lacht bitte nicht, weil ich in Reimen sprech',
auch ein toter Dichter hat noch Attitüden.

Zu mir einst die Bode trat
und ihr dunkles Auge sprach:
"Du gleichst im Stolze und im Schmerze mir,
und ich will, dass du mich liebst."

Den Wunsch erfüllen konnt' ich ihr nicht,
nicht bis zum heut'gen Tage.

Ich liebte eine andere schon,
Ilse war ihr Name.

Doch reicht ihr zwei den Apfel
der dunklen Bode nun;
ihr müsst es mir versprechen!
So wird vergehen bald ihr Kummer
und mein Herz kann endlich ruh'n."

Unsere Lippen formten ein mechanisches "Wir versprechen es" und noch während wir es sagten, löste sich Heine wieder im Nichts auf.
"Wie sollen wir unseren Lesern bitte klar machen, was hier gerade passiert ist?", fragte ich Eugen.
"Die werden es auf die Wirkung des Krötenleckens zurückführen", sagte Eugen.
"Die Dosis war doch viel zu gering", entgegnete ich.
"Der Leser wird schon Verständnis haben. Im Grunde ist es ja eine wünschenswerte Vorstellung, einen unkörperlichen Begleiter zu haben, der hin und wieder aus dem Nichts auftaucht, einen an die Hand nimmt und sagt, wo es lang geht."
"Absolut", sagte ich. "Also leisten wir unserem Versprechen Folge und bringen die Bode zum Lächeln!"

Hinter der nächsten Weggabelung nahm das Fließen der Bode ab und ihre Breite zu. Die Talsperre konnte nicht mehr weit sein. Ich träumte schon von bildschönen Harzer Mädchen, die ein Bad im aufgestauten Bodewasser nehmen und die nur darauf warten diesen Sommertag mit zwei jungen Wanderern aus der Fremde ausklingen zu lassen. Bis wir den offiziellen Strand erreicht hatten, dauerte es jedoch noch ein Weilchen. Zu verfehlen war er allerdings nicht. Gerade als wir die Stufen zum Ufer hinabsteigen wollten, hielt direkt neben uns ein Bus, der mit Touristen vollgestopft war. Diese schienen alle nur einen Algorithmus im Kopf zu haben: "Sichere die besten Plätze im Ausflugslokal vor allen anderen. Tue dies möglichst schnell!" Die wohlgenährten Mittdreißiger hetzten schwitzend an uns vorbei, ein paar Halbstarke folgten grölend mit einem Bierkasten unterm Arm, wir hingegen entfernten uns von der lautstarken Gruppe und legten uns nach einem kurzem Bad im See erschöpft in die Sonne. Erst als die Touristen in ein überdimensionales Floß verladen worden waren, das mit geschätzten zwei Knoten über den See tuckerte und mit dumpfen Schlagern beschallt wurde, trauten wir uns, dem Lokal näher zu kommen. Wir verzehrten ein halbes Dutzend Harzer Forellen, tranken unser Bier, und hielten Ausschau nach hübschen jungen Bräuten, dann nach hübschen Bräuten, irgendwann nach Bräuten. Am Ende war ich froh, als mir eine vierzigjährige Mutter zulächelte.

Aber die schöne Bode ließ uns nicht im Stich. Nachdem wir in den Abendstunden Altenbrak und Treseburg durchquert hatten, kam es endlich zur lang ersehnten und von Heine gesegneten Vereinigung. Ich riss mir die Klamotten vom Leib und drang tief ein in ihr dunkles Nass. Sie umschloss mich mit ihren glänzenden Armen und spülte behutsam die angesammelten Gedanken aus meinem Kopf. "Ach Bode, du bist zwar kein stilles Was-

ser, aber tief bist du trotz allem. Nicht so ein flaches
Bächlein wie die Ilse."

Wir stellten unser Zelt auf einer Landzunge in unmittelbarer Nähe zum Wasser auf, machten ein kleines Feuer,
für das die Bode das Schwemmholz lieferte und tranken
eine Flasche Wein, die wir für viel Geld in dem Lokal am
See erstanden hatten. Was war das für ein herrlicher Tag
gewesen. Nein, wie herrlich war er noch immer. Unter
uns spürten wir den weiß geschliffenen Kies, Nebel stieg
vom schwarzen Fluss empor, dampfend waren auch unsere Socken und flackernd das Licht des Feuers. Insekten

schwirrten tief über dem Wasser, in der Ferne zuckten schon Blitze über den abendlichen Himmel, bald würde es anfangen zu regnen.

Ich machte Eugen damit vertraut, dass es nicht ganz ungefährlich sein könnte, bei starken Regenfällen im Flussbett zu zelten. Immerhin sind auf diese Weise in den Wüsten schon mehr Menschen ertrunken als verdurstet. Wir waren jedoch beide viel zu Müde, um das Zelt zu versetzen. Außerdem gab es ja das Bündnis zwischen uns und der Bode. Würde sie ihre Geliebten einfach so davon spülen? Ich richtete ein letztes Gebet an unsere Flussgöttin und legte mich schlafen.[3]

---

[3] Die Beschreibung der Nacht aus Eugens Sicht: S. 73 f.

V

Das Zelt blieb trotz des nächtlichen Regens trocken, ein Blick auf den Pegel zeigte jedoch, dass nur gute fünf Zentimeter gefehlt hätten, um uns davon schwimmen zu lassen. Zum Dank setzte Eugen ein Papierschiffchen aufs Wasser, woraufhin ich der Bode ein Wettrennen vorschlug. "Liebe Bode, wetten wir sind eher in Thale als das Schiffchen?"
Auf dem letzten Abschnitt unserer Wanderung wurde das Bodetal zu einer engen Klamm. Rechts und links ragten mächtige Felswände empor, am Grunde floss tosend das Wasser, das sich über die Jahrtausende tief in das Gestein gegraben hatte.

Mit jedem Schritt, dem ich mich Thale näherte, verstärkte sich ein leichtes Gefühl von Wehmut. Um uns herum, spielte der Harz noch einmal all seine Trümpfe aus. Schlanke Brücken über blank geschliffenen Wasserbecken, wie man sie sonst nur aus dem Hochgebirge kennt, und majestätische Felsformationen verzückten meine Sinne. Überall lockten Abgründe, die mich in tiefes Staunen versetzten. Sollte all das in wenigen Minuten vorbei sein? Ich atmete tief ein und versuchte den Augenblick mit all seinen Facetten festzuhalten. Im hier und jetzt befind' ich mich! Warum an die Zukunft denken, wenn das Glück vor Augen liegt?

Die ersten Ausläufer der Zivilisation machten sich schon einige Kilometer vor Thale bemerkbar: Menschen. Sie kamen uns zu Hunderten entgegen, alle auf dem Weg zum tosenden Naturschauspiel. Nur wir konnten wissen, dass es viel schöner ist, sich mit der Bode weit oben im Harz zu vereinigen, um mit ihr gemeinsam hinab ins Tal zu fließen. Wie zwei Erleuchtete schritten wir durch die Menschenmassen hindurch. Auch unsere Flussgöttin bemerkte die nahende Zivilisation und zügelte ihr Tempo. Am Horizont zeigte sich schon ein spitzer Kirchturm. Glockengeläut drang übers Wasser. In Thale begann ein gewöhnlicher Sonntag. Für uns endete eine ungewöhnliche Reise. Nach fünf Tagen und hundertzwanzig Kilometern Fußmarsch erreichten wir unser Ziel.

Thale hatte sich sonntäglich herausgeputzt. Es wimmelte nur so von Touristen, die sich wie Ameisen durch die Parks des Kurortes bewegten. Wir gesellten uns ein letztes Mal zu unserer treuen Begleiterin – Eugen meinte, in der Ferne ein kleines Papierschiffchen schaukeln zu sehen –

und stiegen nach einem kurzen Mahl in den Zug, der uns der Heimat wieder ein Stück näher bringen sollte.

Über Umwege mit Zwischenhalten in Wegeleben, Sandersleben und Sangerhausen kamen wir am Nachmittag am Kasseler Hauptbahnhof an. Ein Mohnfeld blühte auf dem Friedrichsplatz. Es war Documenta. Ich fühlte mich wie in Trance. Wir trafen einen Freund, mit dem wir gemeinsam nach Frankfurt fuhren. Alle mussten wir am nächsten Tag wieder arbeiten oder zur Uni. Aufgrund einer Autopanne kamen wir erst spät in der Nacht in der Großstadt am Main an – aber das ist schon eine andere Geschichte.

VIER EQUILIBRISTISCHE KUNSTSTÜCKE
von Eugen Ovčar
in deutscher und russischer Sprache
Übersetzung E. Ovčar, unter Mithilfe v. B. Buxbaum-Conradi

I

Замёрзший, как собака - пишет Бьорн и явно стесняется в выражениях. Я бы сравнил нас с безмолвными ужами, чья активность определяется температурой окружающей среды. Привычные утренние любезности были ни к чему. Мы молча оттаивали, вливая в себя тепло сорокаградусными глотками. Прекрасный Кеэм сходил с ума от голода и отделял в тарелке пожаренные вчера шампиньоны от заползших туда за ночь слизней. Спустя считанные минуты мы жадно поедали холодные *champignons à la Osterode* и сожалели, что не можем осведомиться у матушки-Википедии о съедобности *Limax cinereo-niger*, в простонародии именуемых слизняками. Я лично предпочёл бы слизнячью отбивную любому блюду из грибов: ведь я, воспитанный в социалистическом рае, с трепетом и даже страхом отношусь к существам на одной ножке, каждое из которых может оказаться соратником Дедушки Ленина. Глупая детская отговорка - что Ленин был мухомором - помогает до сих пор.

Глядя на Бьорна, меня не покидало ощущение, что у него либо дырка в носке, либо нет трусов. Как эквилибрист в цирке, он пытался уравновесить очки на своём носу. В конце нашей сказки - не забывайте, мы читаем именно сказку - он успешно перебежит по натянутому тросу на другую сторону и, подняв в воздух меч победителя, с яростным облегчением разрубит так долго его мучивший трос этого невроза. А пока же он - и мы вместе с ним - очень переживали по этому поводу. Если бы он послушался нашего совета с юмором относиться к этой проблеме, ему пришлось бы непереставая смеяться, катаясь в судорогах по холодному и неровному грунту нашего вигвама. Вот это было бы опасно! По крайней мере в этом случае благоразумие не изменило Бьорну.

Ну а что же Прекрасный Кеэм? Тот тем временем ровно в восемь утра достал из рюкзака бережливо припрятанные пиво и сосиски. Он всегда завтракает пивом с сосисками ровно в восемь утра. Аккуратно, с приятным причмокиванием, откупорил бутылочку и, напевая что-то веселое из Раммштайна, размеренно приступил к поглощению еды. По его мелодичному раскачиванию было видно, что он в своих мечтах несётся на серебристом Мерседесе с бешенной скоростью по переполненному десятиполосному автобану. Надо ли говорить, что закончился этот обряд ровно в 8:15. Кто теперь скажет, что Кеэм - не типичный немец? Филипп! Ты и есть Германия!

I

Gefroren wie ein Hund, habe er, schreibt Björn und dies war noch gelinde ausgedrückt. Ich würde uns eher mit sprachlosen Nattern vergleichen, deren Aktivität von der Außentemperatur abhängig ist. Alltägliche Liebenswürdigkeiten erfroren zu spitzen Eiszapfen. Stillschweigend tauten wir auf, Wärme mit vierziggradigen Schlucken in uns hineintankend. Der prächtige Kehm, verrückt vor Hunger, trennte in einer Schüssel die gestern gebratenen Champignons von den über Nacht hineingekrochenen Schnecken. Wenig später haben wir die kalten *Champignons à la Osterode* aufgefressen, bedauernd, dass wir uns bei Mütterchen Wiki nicht erkundigen konnten, ob *Limax cinereo-niger* – unter geringen Leuten *Schwarzschnecke* genannt – genießbar ist. Ich hätte ein Schneckenschnitzel jedem Pilzgericht vorgezogen. Weil ich, erzogen im sozialistischen Paradies, mit Zittern und Zagen auf die Monopeden schaue, denn jeder von ihnen könnte ein Kamerad von Großväterchen Lenin sein. Die billige, kindliche Ausrede, Lenin sei ein Fliegenpilz gewesen, hilft immer noch gut, um sich das Pilze-Essen anzugewöhnen.

Ich schaute auf Björn und hatte den Eindruck, dass er entweder ein Loch an den Socken oder keine Unterhose hatte. Wie ein Equilibrist im Zirkus versuchte er, seine Brille ins Gleichgewicht zu bringen. Am Ende unseres Märchens – nicht vergessen, wir lesen ein Märchen – sollte er über ein gespanntes Seil die andere Seite erreichen. Mit wütender Erleichterung wird er dann das Schwert aus der Scheide empor reißen und das Seil der Neurose durchtrennen. Doch einstweilen sorgte er sich sehr – und wir litten mit ihm. Hätte er unseren Rat befolgt, die kleinen Zwänge humorvoll wahrzunehmen, hätte er sich vermutlich vor Lachen ausgeschüttet und auf dem kalten und unebenen Boden gekugelt. Was aber auch nicht ganz ungefährlich gewesen wäre! Zumindest in dem Falle legte er seine Klugheit an den Tag. Und was war mit dem prächtigen Kehm? Pünktlich um acht Uhr zauberte er aus seinem Rucksack die sparsam zurückgelegten Bierdosen und Würstchen hervor. Bekanntlicherweise frühstückt er immer um Acht mit Bier und Würstchen. Ordentlich, mit angenehmem *Schmatz*, machte er die Büchse auf, sang etwas Fröhliches von Rammstein vor sich hin und nahm ganz gelassen und eeentspannt das Essen zu sich. Seinem melodischen Schaukeln nach zu urteilen, raste er in Gedanken gerade in einem pechschwarzen Mercedes auf einer gestauten zehnspurigen Autobahn dahin. Man braucht wohl kaum zu erwähnen, dass dieses Ritual exakt um 08:15 endete. Wer wagt es jetzt zu sagen, Kehm sei kein typischer Deutscher? Kehm! Du bist Deutschland!

II

И вот, собравшись с мыслями, мы тронулись в путь. Шёл дивный дождь, каждая-каждая капелька которого как бы улыбалась нам. Мы радостно прыгали по лужам, размахивая тяжёлыми рюкзаками, как крыльями. И даже видно было, как сквозь густую пелену грозовых туч улыбается солнце. И мы улыбались солнцу. Но стоило нам ступить на тропу, отмеченную на картах средневековья болотно-зелёной ведьмой, летящей на метле, как абсолютно все наши навигационные приборы вышли из строя. Капли дождя зазвучали вдруг барабанной дробью, создавая настроение публичной казни, и сливались в унисон со стучащими от холода и страха зубами. Мы стояли как вкопанные одни, вмиг осиротевшие, вдали от цивилизации, затерянные в лесах бескрайней Германии. И тут не выдержал наш прекрасный Кеэм...

Ещё перед началом нашего безумного путешествия мы поклялись не оставлять друг друга ни на секунду... делить вместе все радости и мечтания, но и невзгоды и судьбы испытания... как вдруг со словами, которые навечно врезались в нашу память: "Ich gehe kurz pinkeln", он безмолвно скрылся в придорожных зарослях.

Всё произошло настолько стремительно, что никто из нас не успел ухватить за руку растворяющегося в неизвестности друга. Нееet!

***

Но шаг был сделан и мы с Бьорном остались стоять, заключённые меж двух древесных скал, в слепой надежде на то, что ничего страшного не произойдёт. Секунды тянулись и из-за кустов не раздавалось ни малейшего подобия звуков изливающейся жидкости. Мы, два решительных туриста с лицами каменных Аполлонов, замерли в абсолютной растерянности. Что мы могли бы сделать? Мы трепетно вслушивались в тишину: сквозь ворчание папоротников и молчание сверчков не было слышно ни единого звука, который мог бы быть Кеэмом. Закружилась голова от чувства присутствия нечистой силы. Каюсь, в ту секунду я страстно желал, чтобы у Филиппа были проблемы с предстательной железой. Но нет! - его там, в зарослях, точно больше не было - и мы с яростью ринулись в дремучий лес.

Безмолвная устрашающая Тьма окружила меня. Совсем не замечая оболочек моего тела, она мгновенно окутала сумраком моё сознание. Пропал Бьорн. Я даже не думал об этом: всё, что наполняло меня тогда - это судорожный страх. Он разлился из маленького еле осязаемого комочка в груди по всему телу, заставляя мелкой колющей дрожью трепетать все органы чувств. Головной мозг гудел жёстким шумом электрических вспышек на фоне визга бор-машинки, пытаясь переработать все поступающие импульсы - это был невероятный страх, страх и ничего кроме страха. Я уже давно лежал в позе боксёра, словно защищаясь от кошмара, который заполонил всё вокруг и самого меня - который поглотил меня, впервые в жизни заставив забыть о существовании собственного Я. Каждая клетка моего тела клокотала от ужаса.

Дикое жужжание волнообразно усиливалось, переходя в оглушительный гром, и тут я заметил влетающее из ниоткуда изумрудное Сияние. Оно и было источником того смертельного страха. Оно трещало безмолвием и невероятной пустотой. Та часть тела, к которой оно приближалось, панически холодела, дрожа беспомощностию и отпрыгивала в сторону лишь в последний момент, когда дыхание небытия становилось явственным, на секунду пробуждая воспоминание об инстинкте самосохранения. Сияние дико искрилось и носилось, как бы обвязывая своими путами, кругами вокруг моего тела и я безвольно отклонялся от него, извиваясь в отчаянном танце, подобно смертельно раненому осьминогу. В такт осьминожим щупальцам, беспомощно, но остервенело - кишели и нервные отростки моего головного мозга, из последних сил совладевая с потоком страха. С каждой секундой он становился материальнее и материальнее. Оцепенение и моральная подавленность сменялись жуткой физической болью. Что-то сверлило мой мозг.

Взорвалась радостная мысль - вот сейчас-то мы и увидим, существует ли что-то типа жизни после смерти, жизни после жизни, либо хм..смерти после жизни, что-то вроде ничего..стало, как всегда, немножко неудобно за бесчисленные богохульства, совершенные из пустого бахвальства Господь Бог представился мне вдруг милым зубным врачом. Скрепя сердце, он высверливал пораженную кариесом разума ткань. Как утверждала советская медицина, все болезни - от нервов. Санирования ротовой полости в таком непростом случае совсем не достаточно. И бедолага направлял своё орудие вглубь черепной полости. В скрежете сверла о мои мозги мне слышались звуки голосов всех потерявших веру пророков, молитв всех религий и стенаний отчаившихся народов.

В оглушительном гуле сердцем почувствовал я и крик помощи нашего Великолепного Кеэма. Мой разум накрыло одеяло бессилия. Робкий муравьишка, окруженный великанами несокрушимой армии зла. Разбить стену злонамеренности, мерзости, глупости и досадных недоразумений...что ещё никому не удавалось. Бездонное и бескрайнее море философии добра и зла в очередной раз открылось предо мною.

- Сделать хотя бы всё то, что в твоих силах. Утолить жажду самопожертвования, этот эгоизм высшего ранга, самое чувственное наслаждение. - Да! Спасти Кеэма! Стрелой бросился я из вязких сетей идолопоклонства на зловеще-изумрудное Сияние. Кееээм! - и Сияние поглотило меня.

II

Frischen Mutes machten wir uns auf den Weg. Es regnete unbeschreiblich wunderbar und es schien mir, dass jeder Regentropfen uns zulächelte. Froh hüpften wir über die perlenden Pfützen und schwangen unsere Rucksäcke wie Flügel. Die liebe Sonne segnete uns durch das Gewittergewölk. Und wir erwiderten ihre Gutmütigkeit mit einem Ausruf der Freude. Als wir aber den Pfad antreten wollten, der auf den mittelalterlichen Karten mit einer sumpfgrünen Hexe ausgezeichnet war, fielen alle unsere Navigationsgeräte aus. Die Regentropfen erklangen jetzt wie Trommelwirbel und machten den Eindruck einer anstehenden Exekution. Vor Kälte und Angst klapperten wir mit den Zähnen im Takt der fallenden Tropfen. Wir standen wie angewurzelt, im Nu verwaist, weit von der Zivilisation entfernt, verloren in den grenzenlosen Wäldern des Harzes. Als erstes versagte unser prächtiger Kehm. Vor unserer lang ersehnten Reise hatten wir noch heilig geschworen, keinen von uns im Stich zu lassen, gemeinsam alle Freuden und Träume zu teilen, auch die Schicksalsschläge und die Wechselfälle des Lebens. Plötzlich verdrückte er sich im Gestrüpp und ließ uns zum Andenken nur das typische "ich gehe kurz pinkeln" hören. Alles geschah so plötzlich, dass keiner von uns den ins Ungewisse gehenden Freund bei der Hand ergreifen konnte. Neeein!

***

Der Schritt war aber schon getan. Ich und Björn blieben stehen, von zwei hölzernen Felsen umzingelt, in der Hoffnung, es werde alles gut gehen. Die Sekunden zogen sich ewig dahin und hinter den Büschen hörte man nichts, was sich wie Pinkeln anhörte. Wir, zwei resolute Touristen, erstarrten verlegen, absolut verlegen, waren

64

steinern wie Apoll. Was hätten wir machen können? Wir lauschten zitternd der Stille: Hörten das Brummen der Farne und das Schweigen der Glühwürmchen, aber nichts, was der Kehm sein konnte. Mir wurde schwindelig von einem Gefühl, das mir die Anwesenheit von jenseitigen Kräften suggerierte. Offen gestanden wünschte ich damals, dass Philipp Probleme mit der Prostata hätte. Oh nein! – er war definitiv nicht mehr im Dickicht – und wir stürzten uns wütend in den dichten Wald.

Stumme erschreckende Finsternis umringte mich. Ohne meine Häute zu merken, hüllte sie mein Bewusstsein in die Dämmerung ein. Björn verschwand. Ich konnte kaum daran denken: Alles, was mich ausfüllte, war die Angst, die krampfhafte Angst. Sie flutete aus einem kleinen, kaum spürbaren Knäuel in der Brust durch meinen ganzen Körper und ließ alle Sinnesorgane stachelig flattern. Das Gehirn dröhnte mit einem schroffen Ton, als entlüden sich Stromblitze und heulten Bohrmaschinen im Hintergrund. Ich versuchte vergeblich, alle eingehenden Impulse wahrzunehmen – es war die Todesangst, Angst in Reinform, die pure Angst, mehr nicht. Ich lag längst in der Boxerstellung, bereit mich vor dem Alptraum zu verteidigen, der drohte, alles um mich herum und in mir anzufüllen. Doch jedoch Versuch der Gegenwehr war hoffnungslos zum Scheitern verurteilt. Er verschlang mich gänzlich und ließ mich mein eigenes Ich vergessen. Sämtliche Zellen meines Körpers brodelten vor Entsetzen. Ein wildes Surren wurde heftiger und ging in ohrenbetäubendes Donnerrollen über. Da erblickte ich etwas Neues: Eine aus dem Nichts einfliegende smaragdgrüne Aureole. Sie war die Quelle der Todesangst! Sie war es, die still und mit ungeheuerlicher Leere auf mich einwirkte, mich aussaugte wie eine Spinne. Der Körperteil, an dem sie sich näherte, wurde panikartig kalt, zitterte vor Hilflosigkeit und sprang erst dann beiseite, als der Hauch des Nichtseins totklar wurde. Die Aureole funkelte unheilvoll, bewegte sich kreisend um meinen Körper und legte mir ihre unsichtbaren Fesseln an. Ich wich ihr willenlos aus und schlängelte mich im verzweifelten Tanz, einem verwundeten Kraken ähnlich, im Takt der Fangarme, hilflos aber blindwütend. Die Nervenzellenfortsätze meines Gehirns wimmelten. Mit letzten Kräften versuchten sie sich gegen die Flut der Angst aufzulehnen. Mit jeder Sekunde wurde die Aureole materieller. Die Erstarrung und die Niedergeschlagenheit wichen einem gewaltigen körperlichen Schmerz. Irgendetwas bohrte in mein Gehirn ...

Ein froher Gedanke explodierte in meinem Kopf – jetzt werde ich wohl sehen, ob es so etwas wie das Leben nach dem Tod gibt, das Leben nach dem Leben oder hm ... den Tod nach dem Leben, das unvorstellbare Nichts. Ich wünschte all die Gotteslästerungen, die ich aus leichtsinniger Prahlerei getan hatte, noch einmal zurücknehmen zu können. Es dünkte mich, der liebe Gott könne ein netter Zahnarzt sein, der mit schwerem Herzen, das von Vernunft befallenen Gewebe heraus bohrt. Wie die sowjetische Medizin versichert hatte, seien alle Krankheiten durch die Nerven verursacht. Eine bloße Sanierung der Mundhöhle wäre in diesem komplizierten Falle sicherlich nicht ausreichend. Und der Halbgott in Weiß richtete seine Waffe in die Tiefe der Schädelhöhle. Im Knirschen des Bohrers, der erst die Schädeldecke durchdrang, um dann das Gewebe des Gehirn zu durchbohren, meinte ich die Stimmen aller glaubensschwachen Propheten, die Gebete aller Religionen und das Gestöhn der verzweifelten Völker zu hören.

Zwischen all dem Höllengewirr erkannte ich den Hilferuf von unserem schönen Kehm. Eine Decke der Machtlosigkeit überzog meinen Verstand. Scheues Ameischen, von den Riesen der unbesiegbaren Horden des Bösen eingekesselt, du musst die Wand der Böswilligkeit, der Abscheulichkeit, der Torheit und der bedauerlichen Missverständnisse zerschlagen ... Du musst tun, was noch keinem gelungen ist. – Das bodenlose und unendliche Meer der Philosophie erschloss sich wieder vor mir ... Du musst mindestens alles tun, was in deiner Macht steht. Den Selbstaufopferungsdurst befriedigen, diesen Egoismus höchsten Ranges, diese allersinnlichste aller Erquickungen! Ja, den Kehm retten! Pfeilgeschwind stürzte ich mich aus den zähen Netzen der Abgötterei auf die verhängnisvolle smaragdfarbene Aureole. Keeehm! – und die Aureole verschlang mich.

III

Нет - Я очень хотел бы, чтобы она в ваших фантазиях была похожа на ярко-жёлтый одуванчик. Такою, что чем больше мы с вами будем думать о ней, тем восхищеннее будет наше стремление к прекрасному. Она - один из тех ангелочков, которые спускаются к нам, чтобы наполнить нашу душу жаждою к жизни.

Что больше всего поражало меня в ней? Самое захватывающее в человеке - это его интересы. Ей был всегда [она, кстати, уже умерла] до невозможности интересен любой, кто был с нею. Она дрожала от желания понять стремления человека. Не всем приятно, когда их душу раскрывают, словно створки устрицы, но собеседник, а иногда и единомышленник, который находит важным то, что и для тебя важнее всего - и это абсолютно искренне - это космическая радость! Одуванчик - это когда после беспросветного зимнего сплина из грязи проглядывают первые жёлтенькие лепесточки и ты носишься среди них, подобно бабочке, на крыльях надежды и предвкушения любви... Для многих встреча с нею становилась весною. То, что поощряла она своим вниманием, начинало цвести пышнейшим цветом. Можете себе представить, как же она была мила!

Остались ли в Вашей комнате неразбитые зеркала? Если да, оторвитесь ненадолго ото чтения и поиграйте немножко глазами: попытайтесь поговорить с человеком в зеркале, не двигая ни языком, ни мимической мускулатурой - только глазами... и расскажите ему о ваших сомнениях, переживаниях, мечтах. Чуть-чуть бессмысленно поморгайте... Да разозлитесь же по-настоящему, наконец! Она-то уж смогла бы раздавить взглядом это зеркало! Её глаза говорили там, где слова чувствовали себя лишними, и пели о самом прекрасном, сверкая и излучая нежность...

Удивительно, что когда однажды мимо проносился кортеж Великого и Ужасного Президента Российской Федерации, она нажала на курок... Стоило ли?

III

Nein, ich möchte, dass sie Ihnen als ein sonnengelber Löwenzahn erscheint. Je mehr wir an sie denken, desto entzückender soll unser Streben nach dem Schönen und Guten werden. Sie ist eines von den Engelchen, die auf die Erde kommen, um unseren Geist mit Lebensdurst zu füllen.

Wie konnte sie mich so bezaubern? Nun, sie war von der Person, der sie gerade Beistand geleistet hat, immer wie besessen, erfüllt von dem Wunsche, ihr ganzes Denken und Trachten nachzuvollziehen: Die Interessen eines jeden Menschen schienen sie zauberhaft zu fesseln. Zugegeben, es ist nicht immer angenehm, wenn die eigene Seele wie eine Muschelschale aufgesplittert wird. Aber einen Gesprächspartner zu haben, mitunter sogar einen Gleichgesinnten, der dieselben Ideen wertschätzt – und dies ganz aufrichtig – das ist ein wahrhaft kostbares Pflänzchen.

Ein Löwenzahn an sich, mag nicht selten sein, doch nach der Hoffnungslosigkeit des kalten Winters, wenn die ersten gelben Kelchblätter aus dem Straßenschmutz hervorkommen, wirkt er wie die kostbarste Pflanze auf Erden. Sie war ein solcher Löwenzahn. Man schwebte einem Schmetterling gleich um das Haupt der leuchtenden Botin und breitete die Schwingen der Zuversicht und Vorfreude aus. Für manch einen, der sie traf, wurde das Treffen mit ihr zum zweiten Frühling. Was sie mit ihrer Aufmerksamkeit gesegnet hatte, begann üppig aufzublühen. Sie können sich nicht vorstellen, von welch sanfter und beherzter Art ihr Wesen war!

Sind in Ihrer Wohnung noch unzerschmetterte Spiegel geblieben? Dann reißen Sie sich kurz vom Lesen los und spielen Sie mit Ihren Augen: Versuchen Sie sich mit dem Menschen im Spiegel zu unterhalten, ohne Zunge und mimische Muskulatur einzusetzen – nur die Augen müssen genügen, um Zweifel, Gemütsbewegungen und Träume mitzuteilen. Ein Weilchen gedankenfrei zwinkern ... Es funktioniert nicht? Dann stellen sie sich jetzt unsere Schöne vor. Sie, die nur mit den Augen kommunizieren konnte, hätte mit ihrem Blick den Spiegel zu zerdrücken vermocht! Ihre Augen sprachen da, wo sich Wörter fremd fühlten, sie sangen vom Allerschönsten, funkelnd und strahlend von Zärtlichkeit.

IV

Наша сказка летела вперёд и уверенность, что миг сказать: "Остановись, мгновение!" - вот-вот настанет, росла с каждым шагом по каменистой тропе.

Будут ли это искрящиеся бесконечной радостью феи, спустившиеся нам навстречу из лесной чащи? Горные склоны, заваленные обрушенными стволами и гранитными глыбами напоминали нам о развернувшейся борьбе голливудских фей и ведьм стран всего третьего мира. По пробивающимся сквозь густой лес ярким солнечным лучам можно было с уверенностью судить о торжестве Добра над Злом. Но день был на исходе - уже мерк солнечный свет - а прекрасные феи так и не спешили осчастливить нас.

А может быть, это будут благоухающие ароматами подводных гротов беззаботные русалки? Из бесконечной глубины брызг водопада, сверкая нагою чешуею - ворвутся они на пустынный берег и их звонкие голоса наполнят искренностью чувств наши изжаждавшиеся по участию души. Мы будем пытаться сказать друг другу самые нежные слова - и никакая пропасть между нашими языками не омрачит непониманием эти волшебные секунды. Обнимаясь, мы будем чувствовать себя в полнейшем единении со всей необъятной Вселенной, а прекрасные русалки будут весело плескаться в наших до краёв наполненных радостью глазах. Вот так рассуждая, мы свернули в лощинку у изгиба Бодэ и, изнемогая от восторга, разбили нашу палатку у самой воды. О да, это была истинная мечта романтика! Бурлящая река наполняла вечер мудрым спокойствием и вслед за бесконечными потоками воды, в которых проносились хроники беспечного детства, виднелись и самые радужные картины нашего будущего. Да, они достанутся нам только в ожесточенной борьбе с темными силами - стройные ряды столпившихся у берега древесных гигантов угрожающе косились на нас и зловеще раскачивались, напоминая о предстоящих бурях. Но мы были готовы биться, ведь нами владела мечта! Мы ждали боя за русалок, разведя костёр и устроившись в его тепле, передавали друг другу бутылку прекрасного Мерло. Предвкушая волшебную встречу, воображение рисовало невероятно ласковыми красками совершенные черты будущей избранницы. Да, я верю, что она - может быть, это Ты? - узнает себя в этой картине. Налетевший шторм разрубил своими молниями сладкий сон мечтаний... сегодня не сбыться... и вернул нас к осознанию того, что место ночлега было выбрано чересчур романтично: палатка стояла на высоте пары сантиметров над уровнем Бодэ. Стоит дождю усилиться - поток унесет нас туда, куда мы и не планировали... Воспаленная фантазия рисует муки безнадёжной борьбы со стихией... Мой товарищ вспоминает угрожающий метеопрогноз... Небо полыхает беснующимися молниями... Рвущиеся ввысь языки пламени, придавливаемые к земле прессом дождя... Ничто не смогло вывести нас из мечтательного состояния души и побудить к активным действиям. Мы заснули, на всякий случай простившись с жизнью.

IV

Unser Märchen schwebte fort und mit ihm die Zuversicht, die schwermütige Formel, den faustischen Satz, der mit jedem Schritt auf dem steinigen Pfad stärker auf unser Zunge zu kribbeln begann, bald aussprechen zu können: "Augenblick, verweile doch, du bist so schön!"

Wer wird uns hinter dem nächsten dunklen Winkel wohl erwarten? Vor Freude sprühende Feen, die aus dem Dickicht des Waldes emporsteigen? Die mit gefällten Bäumen und Felsblöcken verschütteten Gebirgshänge erinnerten uns an ein wüstes Schlachtfeld auf dem die guten Feen Hollywoods und die bösen islamischen Zauberer mit Urgewalten aufeinander prallten. Die goldschimmernden Sonnenstrahlen ließen den Triumph des Guten über das Böse ahnen. Da nun der Tag zur Neige ging, wurde der fröhliche Sonnenschein, der im Laub erstarrter Eichen harrte, still und verlegen, doch die himmlischen Feen hasteten nicht, uns zu beglücken. Wann würde das Glück über uns hereinbrechen?

Oder sollten es etwa sorglose Meerjungfrauen sein, die vor uns erscheinen? Ich stellte mir vor wie sie das öde Gestade erstürmten, aus der grenzlosen Tiefe der Wasserschlünde aufsteigend, funkelnd vor Myriaden nackter Schüppchen, nach kristallklaren Unterwasserblumen duftend. Ihre hellen Stimmen füllten mich mit inniger Freude und waren wie Balsam für unsere nach Anteilnahme lechzenden Seelen. Ich versuchte die zärtlichsten Worte zu finden, um die Kluft zwischen unseren Sprachen zu schließen, so dass kein Schatten des Unverständnisses das Ereignis trüben konnte. Uns gegenseitig umarmend, verspürten wir eine grenzenlose Einigkeit mit jedem Geschöpf des Universums. Und die charmanten Nixen planschten heiter weiter in unseren mit Fröhlichkeit überfüllten Augen.

So träumend sind wir zu einer Mulde an der Krümmung der Bode eingeschwenkt und umgefallen vor Begeisterung, haben das Zelt direkt am Wasser aufgeschlagen. Oh ja, es war ein wahrer Traum zweier hoffnungsloser Romantiker! Der strudelnde Strom der Bode verlieh dem Abend weise Gemächlichkeit und hinter dem ewigen Fließen, in dem man die sorglose Chronik der eigenen Kindheit sehen konnte, ließen sich auch die rosigen Aussichten unserer Zukunft erblicken. Ja, wir werden diese erst in blutigen Schlachten gegen dunkle Mächte erkämpft haben müssen: Hölzerne Riesen, in Reih und Glied am Strand zusammengedrängt, sahen uns scheel und drohend an und schwangen unheilvoll mit ihren Laubkronen, uns an künftige Windesbräute erinnernd. Wir blieben jede Sekunde kampfbereit. Niemand sollte uns unseren Traum rauben können. Auf den Kampf um die Badenixen wartend, stärkten wir uns mit einer Flasche Merlot in der Wärme des Lagerfeuers. Mit liebevollen Farben malte meine Phantasie die vollkommenen Züge der zukünftig Erkorenen aus. Und ich glaube fest, dass sie – vielleicht bist Du es? – sich in diesem Bild erkennen würde.

Doch ein abgestürzter Sturmwind begann mit seinen Böen den süßen Traum jäh hinwegzufegen. – Heute hat's nicht sein sollen! Das unheilschwangere Blähen brachte uns zur Erkenntnis, dass der Lagerstandort zu romantisch gewählt wurde: Das Zelt stand einige Zentimeter über dem Pegel der Bode. Sollte es stärker regnen, würden wir dahingespült werden. Die entzündete Einbildungskraft ließ die Qualen des aussichtslosen Kampfes gegen die Naturkräfte schon vor dem inneren Auge ablaufen. Mein Gefährte dachte an den bedrohlichen Wetterbericht zurück ... Sollte es nicht in der Nacht zu heftigen Gewittern kommen? Der Himmel stand bereits in den Flammen tobender Blitze. Die emporlodernden Feuerzungen wurden unter der Schwere des Regens zur Erde gedrückt. Nichts konnte uns aus der Träumerei bringen und einen Anstoß zum Handeln geben. Wir nahmen in Gedanken schon einmal vom Leben Abschied und schliefen erschöpft ein.